디지털 역사란
무엇인가?

What is Digital History?

디지털 역사란 무엇인가?

한누 살미 지음 ㅣ 최용찬 옮김

앨피

차례

1990년 냉전체제 붕괴 직후 느닷없이 '역사의 종말'을 선언한 프랜시스 후쿠야마의 저주 때문일까? 지난 30년 동안 줄기차게 역사 종말론이 쏟아지더니, 급기야 '역사학의 종말'을 슬퍼하는 곡소리가 방방곡곡에서 터져 나오고 있다. 특히 21세기로 넘어오는 과정에서 역사학의 위기, 붕괴, 파국이라는 단어들이 마치 유행어처럼 번지면서 역사학에 대한 학문적 관심이 점점 더 빠르게 휘발되고 있음은 부정할 수 없는 현실이다. 이러다 돌이킬 수 없는 임계치까지 치닫지 않을까? 우리가 어쩌다 역사학의 종말 시대를 살게 되었는가? 물론 정통 역사학을 고집하던 기득권자들에게 책임을 묻고 따지는 것도 매우 중요하다. 그러나 이러한 종말적 위기 국면을 돌파할 수 있는 타개책을 어떻게 마련할 것인지가 더 시급한 과제임이 틀림없다.

이러한 문제의식에 동의하는 독자들에게 한누 살미의《디지털 역사란 무엇인가》를 꼭 한번 탐독해 보라고 권하고 싶다. 적어도 역자는 그의 짤막한 입문서에서 구역사학의 파국을 넘어 신세계로 안내할 새로운 희망봉을 발견했다고 한다면 너무 거창한 독후감일까. 사실 21세기 역사학은 출발부터 대담한 '전환들turns'을 감행해 왔지만, 이른바 '디지털 전환digital turn'만큼 역사적 상상력을 자극하는 게 있(었)나 싶다. 구역사학의 파국적 위기 국면을 돌파할 21세기 역사학의 구원투수는 단연코 디지털 역사학Digital History이라는 확신이 든다. 이러한 확신은 미국 디지털 역사학을 선도한 코엔과 로젠즈윅 교수가 '디지털 역사'야말로 '디지털 역사 혁명Digital History Revolution'이라고 호명한 이유와 접맥되어 있다.

◆ ◆ ◆

2018년, 디지털 역사가 조 굴디와 지성사가 데이비드 아미티지 교수가 공동 저술한 《역사학 선언》이 국내에서도 번역 출간되었다. 이 책은 출간되자마자 세계 역사학계에서 격렬한 논쟁의 대상이 되었다. 그러나 우리나라 역사학계에서는 일부 서양사학자들이 간략하게 소개하는 정도에 그치고 말았다. 김기봉 교수는 〈미래를 위한 '역사학 선언'과 빅히스토리〉에서 간단하게 언급했고, 김용우 교수는 〈기후변화와 인류세, 그리고 역사학〉에 관한 논의의 출발점으로 삼았으며, 윤석민 교수는 〈「역사학 선언」(2014)과 글로벌히스토리의 도전〉에서 집중적인 조명의 대상으로 삼았다. 세 연구는 모두 특정한 관심 분야(기후사, 지구사, 빅히스토리)와 '역사학 선언'의 취지를 절묘하게 융합하여 독특한 방식으로 전유하고 있다. 그런데 역자의 관점에서 볼 때,《역사학 선언》의 주된 내용은 기후사, 지구사, 빅히스토리가 아니다. 특히 제4장 〈빅 퀘스천, 빅데이터〉에서 분명하게 드러나듯이, 이 책은 빅데이터 시대에 걸맞은 대안적인 역사 연구방법론인 빅데이터 역사학, 곧 디지털 역사학을 위한 선언문으로 해석되어야 옳다. 이는 2023년에 출간된 조 굴디 교수의 후속 연구서인 《텍스트 마이닝의 위험한 기술: 디지털 역사 방법론Dangerous Art of Text Mining: A Methodology of Digital History》에서도 다시 한 번 천명된다.

토머스 쿤의《과학혁명의 구조》를 차용해 보면, 디지털 역사학이란 한 마디로 21세기 역사학 패러다임의 혁명적 전환이라고 표현할 수 있겠다. 디지털 역사학의 혁명적 전환은 비단 역사 연구 부문에서만 그치는 것이 아니라, 역사학 생태계 전체를 뒤흔들어 놓을 만큼의 엄청난 위력을 지닌다는 점에서 그야말로 '거대한 전환'이라고 부를 만하다. 디지털 역사학이 역사 콘텐츠의 생산과 유통, 소비 부문 전체를 송두리째 뒤바꾸어 놓으려 하기 때문이다.

한누 살미의《디지털 역사란 무엇인가》는 서양에서 진행되고 있는 디지털 역사학이 주도하는 거대한 전환의 구체적인 사례들을 간략하게 소개하고 있다는 점에서 필독해야 할 가치가 충분하다. 하지만 어쩌면 당연한 이야기겠지만, 아쉽게도 우리나라를 포함한 동북아시아에서 진행되고 있는 디지털 역사학의 전환 양상을 하나도 담아내지 못했다. 그래서 이 자리를 빌려 우리나라 역사학계에서 디지털 전환을 선도적으로 추진하고 있는 아주대학교 사학과의 사례를 간략하게 소개해 보고자 한다. 여기서 활용한 자료는 아주대학교 사학과 홈페이지에서 직접 확인할 수 있으니, 디지털 역사학 입문자들에게 도움이 되기를 바란다.

◆ ◆ ◆

현재 우리나라에서 디지털 역사학과라는 명패를 내건 대학은 없다. 기성 역사학과 중에 디지털 전환을 대담하게 추진하고 있는 곳은 아주대학교 사학과가 처음이자 유일하다. 홈페이지의 연혁 부분을 살펴보면, 아주대 사학과는 "디지털 기술을 활용하여 역사학 사료(데이터)에서 역사문화콘텐츠를 생산할 수 있는 융합적 능력을 지닌 역사학도를 양성하고 있다." 특히 "역사학과 디지털 기술을 융합하는 디지털 역사학 관련 교육을 「디지털역사학입문」, 「디지털역사학연구방법론」, 「디지털역사학데이터분석연습」 등의 교과목을 통해 국내 사학과 중에서 최초로 제공하고 있다."

우선 교육 목표 부분에서 디지털적 전환의 의지가 분명하게 표명되어 있다. "'역사학 빅데이터'를 분석하는 다양한 디지털 기술을 습득하여 디지털 리터러시 역량 증진!" 다음으로, 교육과정과 교과목 안내 부분을 좀 더 면밀하게 살펴보면, 디지털 역사학과 관련된 교과목의 개설 학기와 수업 내용이 잘 정리되어 있다. 가령, 3학년 1학기와 4학년 1학기에 개설되는 「디지털역사학입문」 수업은 학생들의 흥미를 자극할 만하다. "디지털 시대의 대두로 역사학 관련 사료(데이터)가 양적·질적으로 제한적인 시대에서 다양한 수단을 통해 방대한 정보에 제한 없이 접근하고 입체적 분석이 가능한 시대에 접어들었다. 본 강의는 이러한 연구 환경의 변화에 능동적으로 대응하고 주도하기 위해 디지털 역사학의 세계로 학생들을 안내한다. 디지털 역사학은 디지털 기술을 활용하여 거시적이고 시계열적인 복잡계의 역사학적 사실을 탐구하는 역사학 기반 융합학문이다."

마지막으로 사학과 본대학원 박사과정 및 석박사통합과정에서 2024년 1학기부터 디지털 역사학 전공자를 뽑기 시작했다. 2023년 10월에 교내에 게시한 사학과 대학원 설명회 자료의 전공 교과목 소개 부분을 살펴보면, 본대학원 박사과정생 교육이 어떻게 진행될지 손쉽게 파악할 수 있다. 「디지털역사학연습」, 「디지털역사학연구동향」, 「디지털역사학방법론특강」, 「디지털역사학한국사데이터연습」, 「디지털역사학서양사데이터연습」, 「서양역사콘텐츠연습」,

「디지털 역사학과 공공역사」. 만약 아주대 사학과가 국내 최초로 추진하는 디지털적 대전환에 성공한다면, 우리나라 디지털 역사학을 선도하는 전문 교육기관으로서 21세기 역사학의 위기 국면을 타개하는 어엿한 선봉장이 될 것이다. 디지털 역사학의 허브인 아주대 사학과의 멋진 비상을 기대한다.

얼마 전 김기봉 교수가 국내 역사학계에서 아직 환영받지 못하는 빅히스토리의 '인문학적 전환'을 역설하면서 오랫동안 기억에 남는 문장을 쓴 적이 있다. "내가 정통 역사학자들에게 요청하는 것은 역사학 생태계에 작은 영역이나마 빅히스토리를 위한 공간을 허용하는 관용을 베풀어 달라는 것이다. 이런 관용마저도 없다면 역사학의 미래는 암울할 것"이다.《환경사란 무엇인가》에 이어《디지털 역사란 무엇인가》를 번역하는 과정에서 품고 있던 번역자의 속앓이와 정확히 일치한다.

이 글을 쓰는 과정에서 놀라운 사실을 알게 되었다. 2023년 8월에 이미 한국사(북한사) 전공자 우동현 교수의 제안으로 한국역사연구회 산하에 '디지털 역사학 연구반'이 신설되었고, 현재 70명에 육박하는 구성원들이 열정적으로 활동하고 있다고 한다. 머지않아 한국역사연구회 디지털 역사학 연구반이 주도하여 한국디지털역사학회가 탄생하리라는 예감이 든다. 디지털 역사학이 벌써 우리나라의 역사학 생태계 내에서 튼튼하게 자생하고 있지만, 신생 디지털 역사학이

앞으로 더 튼실하게 성장해 나가려면 정통 역사학계의 폭넓은 관심
과 적극적인 지지가 필수적이다. '역사학 생태계에 작은 영역이나마
디지털 역사학을 위한 공간을 허용하는 관용을 베풀어 달라!'

청덕동 물푸레 마을에서

최용찬

일러두기

원어 표기 본문에서 주요 인물(생몰연대)이나 도서, 영화 등의 원어명은 맨 처음, 주요하게 언급될 때 병기했다. 인명이나 지명은 외래어 표기용례를 따랐다. 단, 널리 알려진 이름이나 표기가 굳어진 명칭은 그대로 사용했다.

원주 본문 속 [ ]는 원저자의 주이다.

옮긴이 주 옮긴이 주는 본문 속에 〔 〕형식으로 표기했다.

도서 제목 본문에 나오는 도서 제목은 원저자가 사용한 언어의 원어를 번역 표기하는 것을 원칙으로 하되, 국내에 번역 출간된 도서는 가능한 한 그 제목을 따랐다.

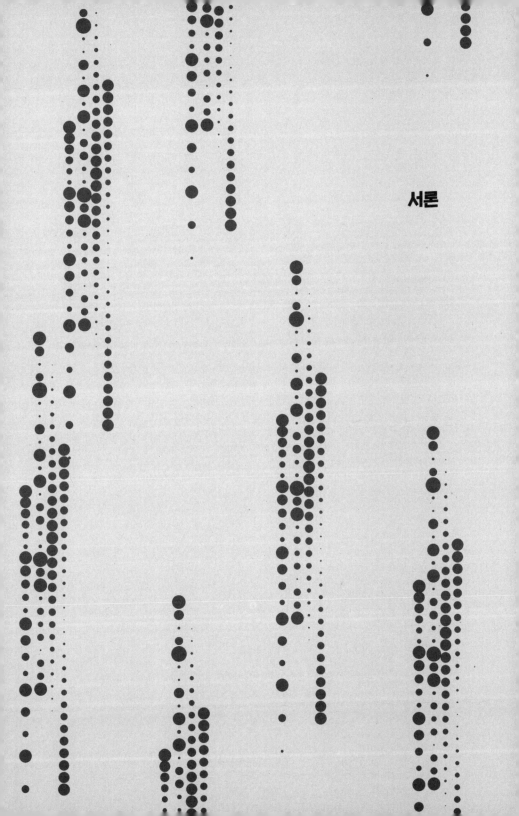

서론

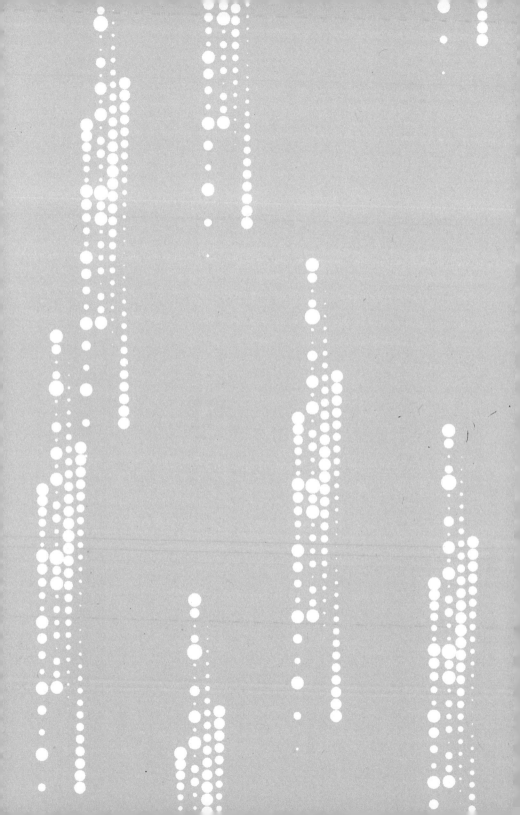

우리가 사는 세상은 디지털로 가득 차 있다. 2002년에 출간된《디지털문화》에서 찰리 기어는 "디지털이란, 돌려 말해, 가상 시뮬라크라, 쌍방향 커뮤니케이션, 유비쿼터스 미디어, 글로벌 연결성의 총합을 의미하는데, 당대 경험의 많은 부분을 차지하고 있다"[1]고 설명했다. 오늘날 디지털은 2002년보다 한층 더 촘촘하게 우리를 에워싸고 있다. 디지털문화라고 하면 컴퓨터뿐만 아니라, 모바일 장치, 정보 흐름, 사회 미디어의 불가피한 보급 등이 언급된다.

디지털성digitality은 현재시제를 강조하는 경향이 있다. 현재 일어나는 것이 이전보다 훨씬 더 빠르게 소통되기 때문에, 우리는 마치 확장된 현재 안에 살고 있는 것 같다. 지난 10여 년 동안, 디지털화digitalization라고 하는 디지털의 일상적 역할은 우리의 현재뿐 아니라 과거 감각에도 영향을 미쳤다. 여기에는 역사를 탐구하여 발견한 것을 주고받는 방식이 포함된다. 이처럼 역사 연구에서 새롭게 출현하고 있는 분야에 대해 상세하게 논의하는 것이 이 책의 목표이다.

'디지털 역사digital history'라는 개념은 십수 년 동안 우리 주변을 맴돌고 있었다. 그러나 2010년 이후 이 개념은 과거 연구의 고유한 분야로 자리를 잡았고, 다양한 분과학문과 관계를 맺으며 지속적으로 자리매김하고 재배치되고 있다. 이외에도 이 책의 각 장에서는 다양한 나라와 여러 대륙의 사례를 가져와 광범위한 디지털 아카이브와 디지털 역사 프로젝트를 소개한다.

'디지털 역사'라는 개념과 의미를 깊이 있게 논의하기에 앞서, 디지털문화와 컴퓨터화의 역사에 대해 개괄할 필요가 있다. 어원상으로 '디지털digital'은 라틴어 '디기투스digitus'에서 나온 '디기탈리스digitalis'에서 비롯된 단어로, 손가락이나 발가락을 의미한다.[2] 디기탈리스는 손가락으로 뭔가를 한다는 뜻이다. 이것이 결국 '디지트digit'의 의미를 구성하는 배경이 되었다. 즉, 손가락으로 셀 수 있는 10보다 작은 수를 가리키게 되었다.

'디지트'가 컴퓨터를 언급할 때 사용되기 시작한 것은 제2차 세계대전 이후로, 컴퓨터란 본디 디지트 형태로 정보를 처리하는 계산기로 통용되었기 때문이다. 이는 예나 지금이나 이진법이라고 부른다. 오로지 두 가지 디짓수, 즉 0과 1로만 표기하기 때문이다. 정보기술 시대의 단어 줄기인 디지탈리스digitalis는 여러 언어에서 사용된다. 라틴어와 연관성이 없음에도 불구하고, 수를 언급하는 언어가 많다. 디지털에 해당하는 프랑스어는 누메리끄numérique이다. 러시아어로 디지털 역사는 치프로바야 이스토리야Цифровая история인데, 여기서 치프로Цифр는 숫자를 의미한다. 중국어에서도 디지털 역사란 뜻의 수위사학數位史學에서 수위數位는 수와 단위를 가리킨다. 수와 단위가 결합하여 '디지트'가 되는 것이다.

'디지털'의 출현과 확장은 제2차 세계대전 이후에 시작된 컴퓨터화의 역사와 궤를 같이한다. 원래는 손가락셈을 가리켰던 '디지트'가 훨씬 더 미묘하고 복잡한 계산 과정에 채택되기 시작한 것이다. 손가락과 펜, 종이로는 풀이하기 어려운 계산을 수행하는 기계가 컴퓨터였다. 컴퓨터화의 초창기 역사는 중앙컴퓨터의 특징으로 설명된다. 여러 대학과 기업이 과학적인 계산과 복잡한 보험 계산을 수행하고, 대용량의 데이터베이스를 유지하기 위해 중앙컴퓨터를 도입했다.[3] 당시에는 컴퓨터 계산의 사회적 필요가 제한적이라고 평가되었지만, 새로운 기술력이 활용되면서 새로운 사고방식이 가능해졌다.

1943년 IBM의 토머스 왓슨 회장의 발언은 미래 예측이 얼마나 어려운지를 잘 보여 준다. "짐작건대, 세계시장에는 다섯 대의 컴퓨터면 된다."[4] 왓슨이 정말 그런 말을 했는지 의심스럽지만, 그의 발언은 컴퓨터뿐만 아니라 정보기술에 관한 사고방식의 급속한 변화를 상징하는 사례가 되었다.[5] 1950~60년대 왓슨의 당대 사람들은 회사와 국가의 업무상 계산 과정에 필요한 중앙컴퓨터의 수를 추산해 보려 했고, 대부분 그 수가 적을 것이라는 결론에 도달했다. 그러나 곧 모든 게 바뀌었다.

1970년대에 마이크로칩이 도입되면서 정보기술이 소형화되었다.[6] 1980년대에는 사무실과 가정 곳곳에서 소형 컴퓨터가 사용되었고, 컴퓨터는 일상생활의 일부가 되었다.[7] 미니텔Minitel은 전화선을 통해 가정에 온라인서비스를 제공하려 한 프랑스의 선구적인 노력을 보여 준다. 1982년에 출시된 이 제품은 수백만 명의 프랑스 사람들을 매료시켰다.[8] 온라인 연결은 이내 지식 생산의 중추로 자리 잡았고, 디지털 역사를 개막하는 전제 조건이 되었다. 1980년대 말엽과 1990년대 초반, 냉전이 종식되면서 글로벌 경제와 초지역적인 정보 흐름에 필수적인 문호가 개방되었다. 이는 인공위성과 통신망, 인터넷을 포함하는 커뮤니케이션 기술의 진보가 가져온 결과였다. 이러한 변화는 1990년대와 2000년대 초반의 많은 디지털 프로젝트로 가는 대로를 놓았다. 역사 자료의 디지털화부터 큐레이터 서비스까지 지금도 이용되는 게 많다. 이 부분에 대해서는 2장에서 좀 더 자세히 살펴보고자 한다.

'디지털' 개념은 1990년대에 일어난 이러한 변화의 중심에 있었다. 많은 경제학자들이 '굴뚝산업'으로 언급되는 전통적인 산업은 끝났다고 믿었다. 미래는 산업적이지도 탈산업적이지도 않은 지식 기반 사회가 될 것이고, 정보가 사회의 주요 생산물이 될 것이다. 예컨대, 1991년 미국의 빌 클린턴 행정부가 부통령 앨 고어의 지휘하에 추진한 연방정보인프라National Information Infrastructure 같은 프로젝트에 깔린 기본적인 사고방식이 그렇다.[9] 이를 통해 정보고속도로와 같은 최고속 데이터 전송이라는 생각이 보편화되었다. 정보가 경제 엔진이 될 것이라는 바람은 곧 다른 나라에서도 채택되어 촉진되었다. 유럽에서는 특히 1994년 〈방에만 보고서Bangemann report〉 이후 그렇게 되었는데, 이 보고서는 "유럽을 정보사회로 이끌어 갈 사적·공적 부문 간의 파트너십에 기초한 구체적인 이니셔티브를 갖춘 실행 계획"을 제안했다.[10] 1990년대 내내, 지역적으로 편차는 있어도 전 지구적 차원에서 변화가 일어났다.[11]

특히 1990년대 초반에 월드와이드웹World Wide Web이 도입되면서 온라인 커뮤니케이션이 급속히 팽창했다. 모자이크, 네스케이프, 익스플로러, 파이어폭스와 같은 그래픽 브라우저를 통해 손쉽게 정보에 접근할 수 있게 되었다. 그래픽 인터페이스의 등장은 다운로드와 업로드 등에 필요한 더 넓은 대역폭이 필요해졌음을 의미했다. 1980년대의 전화기 모뎀은 1990년대에 고속 인터넷 접속으로, 2000년대 들어서는 무선 모바일 광대역과 광케이블 연결로 대체되었다.

월드와이드웹의 출현으로 인터넷 검색은 새로운 전환기를 맞이했다. 그래픽 브라우저의 등장으로 인터넷을 통한 이미지 제공 및 시각화 표현이 가능해졌고, 그에 따라 역사적 자료를 제공하는 방식도 달라졌다. 이제 역사가를 비롯한 인문학 연구자들도 과거를 온라인으로 접근할 수 있게 만들 필요성을 인식하게 되었다. 핀란드와 미국의 온라인 연구 발전상은 '디지털 역사' 개념의 등장 배경을 추적하기에 좋은 사례이다.

1990년대 초반, 핀란드에서는 인터넷 매개 역사학을 '세코이넨 히스토리아Sähköinen historia' 혹은 '엘렉트로니엔 히스토리아Elektronien historia'라고 표현했다. 두 단어 모두 '전기電氣의 역사'라는 뜻이다. 물론 역사학의 주류는 아니었다. 이는 온라인 자료를 인정하고 역사 연구자들을 위한 '전자적인' 서비스를 보조하고 가상 플랫폼을 활용할 교육의 필요성을 강조한 새로운 트렌드에 불과했다. 그러나 같은 의미의 '디지털 역사digital history'라는 영어 개념이 점점 더 널리 퍼져 나갔다. 1996년, 핀란드의 노력은 아그리콜라Agricola 포털의 출시로 이어졌다. 아그리콜라는 전국적인 기억 단체들의 후원을 받아 학자들과 학생들을 돕는 큐레이터 서비스였다.

미국에서는 에드워드 아이어스Edward L. Ayers와 윌리엄 토머스William G. Thomas가 1997년에 신생 분야 전문 연구소 설립을 제안하면서 '디지털 역사'라는 용어를 사용했다. 이듬해, 버지니아 디지털 역사 연구소Virginia Center for Digital History(이하 VCDH)가 설립되었다. 초창기의 웹페이지에는 이 연구소의 업무가 규정되어 있다.

이 연구소의 과업은 월드와이드웹에 맞는 고품질의, 잘 연구된, 믿을 만한 역사 자료를 개발하여 학교, 대학, 도서관, 역사학회, 일반 대중에게 그것을 전달하는 일이다. 우리의 목표는 디지털 형식의 역사를 만들어 그것에 폭넓게 접근할 수 있고, 설득적이고 유용한 역사를 만드는 일이다.[12]

VCDH는 정보기술이 지닌 '하이퍼텍스트의 힘'과 인터넷 출현이 역사 연구에 미치는 파급효과를 탐구하는 최초의 연구소가 되었다.[13] 또 다른 선도적인 연구소로 미국 역사가 로젠즈윅이 설립한 로이 로젠즈윅 뉴미디어 역사 연구소Roy Rosenzweig Center for History and New Media(이하 RRCHNM)가 있다. 1994년에 설립된 이 연구소는 디지털 역사가와 교사 및 폭넓은 대중이 온라인 역사 콘텐츠를 이용할 수 있도록 돕고 있다. 로젠즈윅은 디지털 역사에 대한 가장 잘 알려진 개념 정의를 제시한 바 있다.

[디지털 역사]란 컴퓨터와 웹과 같은 새로운 커뮤니케이션 기술을 이용하여 과거를 조사하고 재현하는 접근 방식이다. 디지털 역사는 역사적 지식을 창안하고 공유하기 위해 데이터베이스, 하이퍼텍스트화, 네트워크와 같은 디지털 영역의 주요 특징을 활용한다.[14]

컴퓨터공학자 스티븐 로버트슨이 지적한 것처럼, RRCHNM의 과업은 디지털 기술 및 미디어 이용과 관련하여 "과거를 민주화하는 것, 곧 복수의 목소리를 조합시키고 다양한 관객들에 다가가며 과거를 전시하고 보존하는 데에 대중적인 참여를 촉진하는 일"이다.[15]

로젠즈윅의 의제는 디지털 역사의 개념 정의에 계속 영향을 미쳤다. 2009년, 더글러스 시펠트와 윌리엄 토머스는 다음과 같이 말했다.

한편, 디지털 역사는 학문 생산과 소통을 위한 열린 마당이다. 이는 새로운 강좌 자료를 개발하고 학문적인 자료 전시 노력 등을 포괄한다. 다른 한편, 디지털 역사는 인간 과거 기록의 연관성을 만들고, 정의하고, 탐사하고, 각주를 다는 이러한 기술들의 하이퍼텍스트적 힘으로 구성된 접근 방법이다.[16]

미국에서 디지털 역사는 공공의 역사public history와 밀접하게 연관되어 있었다. 새로운 미디어 기술을 이용하여 폭넓은 관객들과 소통하고, 구술사와 민속 연구를 용이하게 만들고자 노력했기 때문이다. 2006년, 대니얼 코헨과 로이 로젠즈윅이 공동저술한 책의 제목처럼, "과거를 수집하고, 보존하고, 전시하는" 노력은 역사 연구를 확장하려는 연구자들과 교육자들이 도모한 초국가적인 현상에 속한다.

디지털 역사를 정의하려고 할 때, 반드시 고려해야 하는 또 다른 측면이 있다. 2000년대에 들어와서 디지털 인문학은 인문학에서 정보기술을 이용하는 접근 방식들의 융합 장소가 되었다. 1990년대에 만들어진 '디지털 역사학'이란 용어가 역사학 분과학문의 특성을 탐색과 분배를 위한 열린 플랫폼이라고 했다면, 디지털 인문학의 돌파구는 영어의 '계량인문학'이나 독일어의 '역사적 정보처리'라고 말한 초창기 인문학 연구자들의 컴퓨터 활용 방법 쪽으로 주의를 돌렸다.

제2차 세계대전의 여파로 인문학 연구에 컴퓨터를 이용한다는 발상이 출현하기 시작했다. 이탈리아 예수회 신부였던 로베르토 부사가 성 토마스 아퀴나스의 저작을 검색하는 데이터베이스를 구축하는 프로젝트를 시작했다. 그는 IBM을 설득하여 지원을 받아 냈다. 1949년에 시작된 그의 작업은 1970년대까지 지속되었다.[17] '계량인문학'의 또 다른 사례는 1960,70년대에 이루어진 계량경제사 cliometrics이다. 이 기술은 원래 컴퓨터 계산 도구를 이용해서 방대한 양의 데이터를 다루는 경제사학을 현대화시키는 노력이었다.[18] 로베르토 부사와 계량경제사, 이 두 가지 경우가 컴퓨터의 도움을 받은 역사학의 선도적인 노력을 보여 준 사례라 함 직하다. 그러나 그 복잡한 뿌리는 종종 언어 장벽 때문에 잊히거나 희미해져 버렸다.

이 같은 초창기 디지털 역사의 다양한 경로는 여전히 연구 대상으로 남아 있다. 예컨대, 역사가 페트리 파주가 지적했듯이, 1966년 스웨덴에서 칼 안드레Carl Göran Andræ가 역사가들에게 유익한 컴퓨터의 이점에 관해 서술했고, 핀란드에서는 빌조 라실라Viljo Rasila가 핀란드 내전을 다룬 1968년 연구서에서 컴퓨터가 분석한 내용을 활용했다. 에스토니아에서는 1971년에 주한 카크Juhan Kahk와 엔 타벨Enn Tarvel이 컴퓨터 처리 역사 분석 가능성을 논했다.[19] 일찍이 1960년대부터 컴퓨터가 역사 연구에 점점 더 많이 활용되었던 것이다. 그러나 이러한 노력 중 국제적인 주목을 받은 사례는 소수에 그쳤다.

이른바 '계량인문학'이 수행하는 선구적인 작업의 지속성이 중요해진 것은 2000년대 들어서이다. 엄청나게 확장된 정보량을 디지털 형식으로 이용할 수 있게 된 것이다. 이제 연구자들은 방대한 양의 자료를 모으고 조직하고 관리하는 일뿐 아니라, 새로운 데이터 분석 방법을 개발하고 결론을 도출해야 하며, 그 결과를 디지털 도구와 플랫폼을 이용해 전시하는 일까지 맡게 되었다. 데이터를 생산하는 차원을 넘어, 미래의 학자들이 이를 복제할 수 있도록 자료 저장소를 만들어 보존하는 일이 중요해졌다. 현존하는 컬렉션의 기원과 연구자들이 직간접적으로 관여한 정보를 탐사하는 일도 연구 활동이 되었다.

2000년대 디지털 인문학의 돌파구는 디지털 역사의 풍경마저 바꾸어 놓았다. 멜리사 테라스는 디지털 인문학이 '디지털 기술과 인문학의 교차점'에 있다고 진단하고, '인문학과 컴퓨터공학(그리고 응용 기술) 양쪽의 새로운 교육과 연구를 가능하게 할 앱과 모델을 제작하고 이용하는 것'이 목표라고 말했다. 테라스가 지적했듯이, 지난 10~15년 사이에 이러한 범학제적 연구 클러스터가 엄청나게 확대되었다.[20]

디지털 역사 역시 학문 분과의 교차점에 놓여 있다. 과거 연구를 강조하고 역사 문제에 집중하는 디지털 역사는 연구 장치와 패러다임을 폭넓게 아우르는 디지털 인문학 클러스터보다 더 많은 학문 분과에 기반해 있다. 인터넷, 디지털 도구, 정보기술에 참여하려는 역사가들의 진지한 노력에서 출발한 디지털 역사는, 디지털 인문학에서 개발한 컴퓨터 활용 방법의 저장소이자 이를 역사 문제 해결에 적용하고 개선할 수 있는 방법이다. 그러므로 디지털 역사 개념을 다음과 같이 재규정할 수 있다. 디지털 역사란 과거를 탐사하고 재현하는 접근 방법이다. 디지털 역사는 역사적 지식을 분석·생산·분배하기 위해 새로운 커뮤니케이션 기술과 미디어 앱을 이용하고 다양한 컴퓨터 활용법으로 실험을 진행하고 있다.

현재 디지털 역사는 다양한 접근 방식과 프로젝트, 출간물, 서비스, 사료를 갖춘 활발한 역사 연구 분야이다. 디지털 역사는 모든 탐구 분야와 관련된 더 광범위하고 일반적인 문제 제기와 관련이 있다. 연구 수준 및 비판적 평가, 접속 개방과 관련된 쟁점도 이러한 탐구 분야에 포함된다.

이 책은 오늘날의 디지털 역사를 특징짓는 다섯 개 영역에 집중한다. 1장 〈디지털 과거와 자료 문제〉에서는 역사의 디지털화를 중심으로 우리가 과거를 인식하는 방법에 영향을 미치는 여러 가지 디지털 프로젝트의 성과에 대해 논한다. 우리 시대의 역사가 주로 디지털 영역에 존재한다는 존재론적 문제를 가리키는 본디지털 역사 Born-digital history가 다뤄진다.

2장 〈디지털 역사의 읽기와 텍스트성〉은 역사가와 역사 서술에서 언제나 중요한 문제였던 텍스트와 텍스트성에 대해 다룬다. 이 장에서는 두 가지 이유로 읽기 문제에 주목한다. 역사학 학문 분과의 핵심에는 항상 가까이 읽기close reading와 해석이 자리해 있었다. 그런데 이 읽기의 '근접성'은 멀리서 읽기distant reading라는 생각에 도전받기 시작했고, 이는 2000년대 디지털 인문학에 영향을 미쳤다.

3장 〈역사의 지도화와 시각화〉는 텍스트성과 약간 거리를 두고 디지털 역사학의 시각성에 집중한다. 지도와 지도화는 1990년대 이 분야에서 일어난 획기적인 사건으로, 지리공간적 데이터와 지도 앱 제작 기술의 발전은 그 변함없는 중요성을 입증한다. 아울러 디지털 역사가들이 점점 더 많이 채택하고 있는 시각적·시청각적 자료를 활용하는 방법도 이 장에서 살펴보려 한다.

디지털 역사가는 인문학의 여러 연구 분과와 협업하며 작업한다. 디지털 역사가는 문학 연구, 예술사, 미디어 연구, 특히 컴퓨터공학과 정보기술 같은 영역을 넘나들어야 한다. 그러므로 4장 〈범학제성과 연구 과제〉에서는 현재 떠오르는 쟁점을 탐구하고 융복합 인터페이스를 어떻게 준비해야 할지 제안하려 한다. 마지막 장인 〈디지털 시대의 과거 전시〉에서는 교실에서, 그리고 일반 대중에게 연구 결과와 역사 해석을 제시할 때 중요해지는 디지털 도구의 활용 가능성이라는 디지털 역사가들의 지속적인 관심사로 되돌아간다.

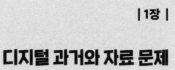

| 1장 |

디지털 과거와 자료 문제

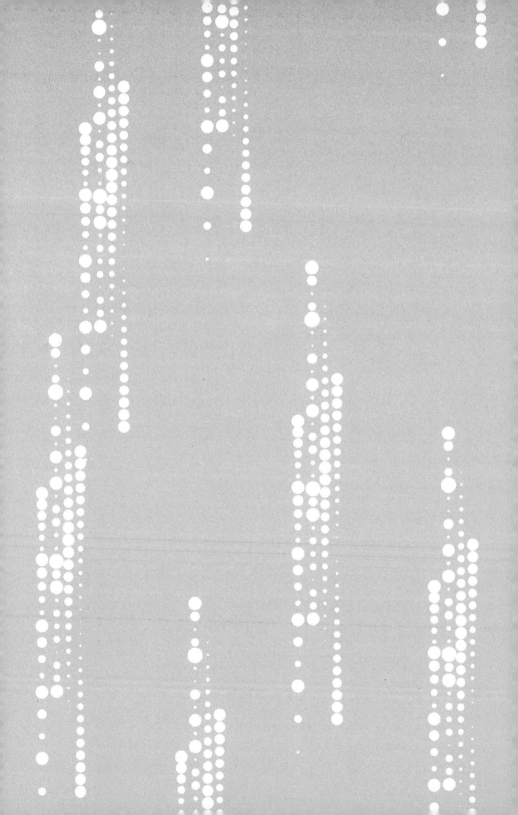

디지털 역사의 전제 조건은 점점 더 많은 과거 정보가 디지털 형식으로 활용 가능해진다는 사실이다. 이게 바로 디지털 역사의 출발점이다. 기계가 읽을 수 있는 형식으로 된 데이터의 양이 늘어나면, 알고리즘 도구를 가지고 역사를 분석할 수 있고, 그 결과물을 컴퓨터 지원 방식으로 제시할 수 있다.

그러나 방대한 정보량에 관한 관심은 역사가들에게 새로운 게 아니다. 페르낭 브로델은《지중해》나《물질문명과 자본주의》같은 고전적인 연구서에서 방대한 지식의 저수지를 총망라하는 것을 목표로 삼았다.[1] 역사가들은 통계상의 증거에 의존해 왔고, 각종 아카이브와 카탈로그 및 문서를 수집하고, 이 자료들을 수작업이나 기타 기술적 도구를 가지고 구성했다. 여기에 1960년대부터 컴퓨터가 도입되었다.

1960, 70년대에 역사가들은 컴퓨터가 경제사나 사회사, 인구사처럼 방대한 숫자를 다뤄야 하는 조사 영역에서 보조 역할을 할 것으로 예상했다.[2] 이러한 역사 연구 분야는 새로운 지식을 얻는 과정에서 컴퓨터의 범용 가능성을 인식하고 탐사한 개척자들인 셈이다.

이들의 작업은 지금도 계속되고 있다. 달라진 점이 있다면, 디지털 소스 자료를 기반으로 과거 사람들의 삶을 다방면에서 추적하는 방법들이 많아졌다는 것이다.

19세기 독일의 역사가 드로이젠 J. G. Droysen은 "역사는 유물과 전통으로 존재한다"는 유명한 명제를 남겼다. 여기서 유물은 과거의 잔존물을 의미하고, 전통은 시간을 뛰어넘는 지식의 전수를 가리킨다. 과거는 "우리가 이해하려고 애쓰는 시대로부터 떨어진" 잔존물을 통해 현재까지 살아남지만,[3] 단지 기억과 이야기로만 남는다. 드로이젠은 이러한 인식론상의 두 갈래인 유물과 전통을 과거 탐구 과정에 이용할 수 있다고 보았다. 과거의 물질 대상인 잔존물 또는 유물은 삶의 구석구석에 여전히 남아 있는 것으로, 모든 역사 탐구에서 고려해야 한다. 이러한 잔존물 중에는 비교적 수명이 오래 지속되는 것도 있고, 점차 사라져 버리는 것처럼 보이는 것도 있다. 과거의 물건들이 오래 존속되면 과거는 잊히지 않는다.

전통의 경우에도 동일한 주장이 가능하다. 사라진 세계의 이야기와 경험이 과거와 현재를 이어 주기 때문이다. 그러나 이전 시대에 중단되었거나 끝나 버려서 우리에게 미치지 못한 전통의 조각들이 있기 마련이다. 아울러 과거와 현재의 연속성과 불연속성 사이에는 불안한 이중성이 존재하기 마련이다. 디지털 시대를 사는 우리는 역사적 존재의 취약성을 더 민감하게 인식한다. 오늘날 우리가 생산하는 데이터는 무선연결과 클라우드 서비스를 통해 점점 더 빠른 속도로 이동하기 때문에 비물질적인 것처럼 보인다. 그러나 이 데이터도 사실상 잔존물, 곧 유물인 셈이다.[4]

오늘날에는 편지 서신을 인터넷 편지함과 메일 폴더에서 찾는다. 내가 이 책을 쓰고 있는 도중에도 3만 4천 개가 넘는 메시지가 이메일 앱으로 도착해 있다. 우리는 사생활과 직업생활에서 수많은 자료를 생성하고 그 흔적을 지우고 있다. 모두 미래의 역사가들에게 자료가 될 가능성이 있는 잔존물들이다.

과거를 디지털 형태로 생각한다고 할 때, 디지털화된 자료와 디지털로만 존재하는 본디지털 자료 사이에는 근본적인 차이가 있기 마련이다. 본디지털 콘텐츠는 처음부터 디지털 형태로 생성되어 0과 1의 이진수 정보로만 존재한다. 1990년부터는 디지털 형태로만 존재하는 워드 파일과 디지털 사진, 채팅 기록물, 위치 정보, 이메일, 필름, 비디오 영상물, 음악 작품, 수많은 형태의 창작품들이 차고 넘친다. 당시 기술적·사회적 현상으로 떠오른 디지털화의 결과이다. 이후 사회 전 분야에서 디지털 기술이 아날로그 기술을 대신하게 되었다. 음악산업에서는 레코드 테이프에서 CD와 mp3 파일로, 이후에는 온라인 스트리밍서비스로의 전환이 문화적 창작이라는 음악의 본질을 변형시켜 놓았다. 시각문화에서도 동일한 이야기가 가능하다. 1980,90년대 출시된 디지털카메라는 사진이 필름에 새겨지는 게 아니라 카메라 안에 내장된 메모리카드에 저장되는 방식의 변화를 가져왔다.

디지털 작업은 디지털화의 일부라고 볼 수 있다. 이 개념은 현재 진행 중인 프로젝트를 가리킨다. 정보를 물리적인 대상에서 디지털 대상으로 전환하여, 과거를 분석하고 전시할 때 사용될 수 있는 소스 자료를 생산하는 것이다. 예컨대, 양장본 도서, 수기手記 원고, 지도, 신문, 사진이나 그림, 스케치 이미지를 스캔하는 일이 포함된다. 본 디지털 자료가 범람하고 엄청나게 생산됨에 따라 디지털로만 존재하는 자료의 취약성에 대한 우려가 제기되면서, 디지털 작업이 오히려 과거의 기억을 유지하고 미래를 위해 아날로그 물건을 보존하는 과정으로 여겨지게 된 점은 흥미롭다. 연구자 입장에서는 디지털 작업을 통해 인간의 과거 연구에 새로운 방법론을 응용하고, 디지털화된 자료와 본디지털 자료를 분석 작업에 결합할 수 있게 되었다.

다만, 자료 유형 및 시공간에 따라 디지털화 비율이 제각각 다르다는 점은 짚고 넘어가야 한다. 2007년 미국 국립문서기록관리청 National Archives and Records Administration(이하 NARA)에 등록된 텍스트 기록물 숫자는 대략 90억 개로, 그중에서 50만 개 정도가 매년 스캔되고 있다.[5] 고속으로 디지털화 작업을 하고 있지만, 기록물 스캔을 마무리하는 데에 수천 년이 걸릴지도 모른다. 디지털화 작업은 방대한 프로젝트로 아직 불완전한 상태이지만, 급속히 증가하는 디지털 자료는 역사 연구에 새로운 가능성을 제공한다.

문화유산의 디지털화

1990년대부터 전 세계적으로 수많은 디지털화 프로젝트가 진행되면서 실질적인 디지털 콘텐츠의 팽창 시대가 열렸다. 다양한 디지털화 프로젝트의 중심 아이디어는, 새로운 기술을 활용해 더 많은 이용자들에게 문화유산을 보급하자는 것이었다. 인터넷 혁신의 시대에 새로운 형태의 정보 흐름이 공동체에 어떤 영향을 미칠지 많은 논의가 이루어졌고 우려도 컸다. 사용자들이 문화 자산에 익숙해지도록 무료 개방 가능성을 높인 문화유산 디지털화는 이러한 우려에 대한 해법이었다. 멜리사 테라스가 지적했듯이, "정보·문화·유산 부문은 디지털화 기술이 사용 가능해지자마자 그 기술을 빠르게 받아들였고, 주로 전자 형식으로 제공하여 컬렉션 항목에 쉽게 접근할 수 있게 했다."[6]

특히 도서관들이 이 선구적인 프로젝트에 적극적이었고, 다른 문화 기억 조직들이 속속 참여하면서 공공 및 민간 재원이 아날로그 자료의 대량 디지털화 작업에 점점 더 많이 몰리게 되었다. 문서보관소, 도서관, 화랑은 1970년대부터 카탈로그와 메타데이터의 디지털화에 관심을 기울였고, 실재 문서를 디지털화하는 아이디어는 점점 더 두각을 나타냈다. 1984년 미국의 NARA는 광학 디지털 이미지 저장 시스템을 구축하는 프로젝트에 착수하여 문서고 자료 중 22만 개의 디지털 사본을 생성했다. 디지털 사본이 있으면 정보를 검색할 때뿐만 아니라, 역사 기록물 원본의 이용을 줄이는 데에도 효과적이라는 사실이 입증되었다. 문화유산의 지속가능성이라는 관점에서 후자는 중요한 측면이 아닐 수 없다.[7]

문화유산 디지털화에서 선구적이고 좋은 성과를 거둔 또 다른 대규모 프로젝트는, 1990년 미국 의회도서관에서 시작한 **미국 기억 프로젝트**American Memory Project이다. 이 프로젝트의 목표는 관련 필름, 비디오, 오디오 녹음, 도서, 사진의 디지털화였다. 처음에는 레이저디스크, CD롬으로 결과물을 보급할 계획이었지만, 월드와이드웹의 혁신은 그다음 단계로 곧장 이행하게 했다.

영구 보존 문제는 처음부터 중요한 쟁점이었다. 디지털문화유산이 미래 세대를 위해 어떻게 보존되어야 하는가? 여기서 디지털화는 두 가지 기능을 동시에 수행한다. 디지털 사본은 원본 자료 대신에 접근과 이용 및 보급이 가능하여, 결과적으로 아날로그 원본 자료를 보존할 수 있게 한다. 동시에, 디지털 사본은 원본의 백업으로 이해되어 문화유산의 보존 가능성에 기여한다. 다른 한편, 디지털 사본은 자료 제공 기관을 이용하는 새로운 사용자와 소비자를 창출하는 역할도 수행한다. 이미 수많은 가정에 가정용컴퓨터가 보급된 상황에서, 정보기술의 상용화는 승리의 행진을 계속할 것처럼 보였다. 이제 문서보관소나 도서관, 박물관을 방문한 적이 없는 사람들까지도 문화유산을 접할 수 있게 되었다.

1992년과 1993년, 미국 기억 프로젝트는 미국의 44개 교육기관과 도서관에서 평가를 받았다. 디지털 콘텐츠 내용은 물론이고, 전달 형식에 대한 피드백도 모두 받았다. 반응은 열광적이었다. 이후 이 프로젝트는 "인터넷을 통해 미국의 경험을 기록한 글과 말, 녹음, 사진 이미지와 동영상 이미지, 인쇄물, 지도, 악보의 무료 개방"을 지속해 오고 있다.[8] 1994년 미국 의회도서관은 국립디지털도서관 프로그램에 착수하여, 2001년 말까지 90여 개 컬렉션에서 5백만 개의 항목을 디지털화한다는 목표를 수립했다.[9]

한편, 스페인 문서보관소인 인디언종합기록보관소El Archivo General de Indias(이하 EAGI)는 아메리카 발견 500주년을 기념하여 1986년부터 디지털화 작업을 벌였다. 스페인 문화부·스페인 IBM·라몽 아레체스 재단 등 공공 및 민간 자금을 기반으로 출발한 이 프로젝트는 디지털화 자료의 사용 가능성과 디지털화의 기술적 전제 조건에 대한 면밀한 분석부터 시작했다. 15~19세기에 만들어진 원본 자료들은 보존 상태가 좋지 않았다. 때로는 잉크가 희미해져 있었고, 문서 자체가 인식 불가능할 정도로 바랜 경우도 있었다. 자료를 디지털화하려면 이런 문제를 모두 고려해야 했다. 특히 디지털화 작업에 사용되는 기술이 향후 어떻게 변할지 예측하는 일은 난감했다. 예를 들어, 당시에는 원고의 복제 품질을 100dpi(인치당 도트 수)의 16비트 그레이스케일을 선택했다.[10]

오늘날에는 저장공간 용량, 프로세서 성능 및 정보 연결 속도가 개선되며 매개변수도 달라졌다. 어쨌거나 스페인이 추진한 프로젝트는 1992년 9백만 쪽에 달하는 디지털 자료를 생성했고, 보관소의 60개 작업실에서 이 자료들을 이용할 수 있게 되었다. 당시에는 인터넷을 통해 콘텐츠를 보급한다는 아이디어는 고려되지 않았다. 그러나 2000년대에 들어와 상황이 변했다. 스페인 문화부가 스페인 인터넷 아카이브 프로젝트를 시작한 것이다. 이 프로젝트의 목적은 EAGI를 포함한 스페인 아카이브를 온라인에서 이용할 수 있게 만드는 것이었다. 2017년, 10여 년간의 디지털화 작업으로 컬렉션 문서의 30퍼센트가 디지털화되었다. 그중 20퍼센트만 디지털 이미지로 제공되었다는 점을 고려할 때, 아날로그 원본 자료의 방대함을 추론해 볼 수 있다.[11]

이러한 사실은 디지털화된 소스 자료가 지닌 한계도 아울러 보여준다. 디지털화된 집적체corpora가 빠르게 늘어나 자료가 지나치게 방대하다는 인상을 주는 것이다. 그런데도 전 세계의 아카이브들은 아직도 방대한 양의 원고들과 디지털 형식으로 변환하지 못한 자료들을 보존하고 있다. 재원이 부족하기도 하고, 원자료가 디지털화하기에 너무 취약하다거나 그리 중요하지 않은 주변적인 문서이기 때문이다.

IBM은 EAGI의 디지털화에 적극적으로 개입한 이해관계자이다. IBM은 기술적 다국적기업으로 자리매김하는 것 외에, 문화유산의 보존기관으로 알려지고 싶어 했던 것이 분명하다. 실제로 현대화 작업은 역사적 열정과 연결된 일처럼 보였다. 1940년대 후반부터 IBM은 로베르토 부사와 협력하여 성 토마스 아퀴나스의 저작 데이터베이스를 구축하는 성 토마스 프로젝트를 추진해 왔다. 1990년대에는 바티칸도서관의 디지털화 프로젝트에도 참여했다. 1995년 IBM과의 협약을 발표한 후, 레너드 보일 바티칸도서관장은 〈뉴욕타임스〉와의 인터뷰에서 이렇게 말했다. "이 훌륭한 책들은 모두 읽힐 때만 쓸모가 있다." 보일에 따르면, IBM 디지털도서관은 "도서관의 경계를 넓히는 방법으로 도서관의 원고와 텍스트를 디지털 형식에 넣으려" 했다.[12]

그 결과, 바티칸도서관은 인터넷 사용자를 위한 카탈로그 프로그램인 OPAC를 개설한 최초의 도서관이 되었다. 오늘날 바티칸도서관은 각종 수기 원고와 문서 자료, 그래픽 및 인쇄물, 동전과 메달 등이 포함된 디지바트립DigiVatLib이라는 디지털 컬렉션을 운영하고 있다. 이 컬렉션은 1501년 이전에 인쇄된 인큐나불라incunabula 761

권, 수기 원고 1만 7,317편을 포함한다.[13] 디지털화 프로젝트는 2000년대 들어서도 활발히 진행되어, 옥스퍼드대학교의 보들리안도서관과 공동으로 운영되고 있다. 공동 목표는 그리스어와 히브리어로 된 수기 원고에서부터 초창기 인쇄본 서책 등 150만 쪽수에 달하는 1차 사료를 디지털화하여 온라인에 게시하는 것이다.[14] 최근 책을 펼치지 않고 스캔할 수 있는 기술 솔루션이 개발되면서 희귀 자료 컬렉션의 디지털화에 신기원이 열렸다. 원본 소스가 너무 취약해서 열람만으로도 심각한 손상이 생길 수 있는 경우에도 자료를 스캔할 수 있는 길이 열린 것이다.[15]

가장 야심 차고 논란이 많았던 디지털화 프로젝트는 2002년 비밀리에 착수된 **구글북스**Google Books일 것이다. 구글은 여러 대학 도서관과 접촉하여 전체 디지털 컬렉션을 도서관에 무료로 제공하는 대가로 전체 컬렉션의 디지털화 가능성을 타진했다. 구글 프린트 라이브러리 프로젝트Google Print Library Project로 명명된 이 프로젝트에 참여 의사를 밝힌 캘리포니아 · 미시간 · 텍사스 오스틴 · 버지니아대학 도서관이 계약을 맺었다.[16] 2004년에 발표된 최종 목표는 "지금까지 출판된 모든 책을 디지털화하고 검색할 수 있게 만드는 것"이었다.[17]

2010년, 구글은 전 세계에 1억 2,900만 권의 책이 있다고 추산하고 그중 1,200만 권의 스캔 작업을 마쳤다고 밝혔다. 전체의 대략 10퍼센트를 디지털화한 것이다. 구글은 자신들이 스캔한 책이 영화

〈스타 트렉〉에 나오는 클링온Klingon 언어로 쓰인 세 권의 책을 포함하여 약 480개 언어로 구성되었다며, 이 컬렉션이 전 세계에 미칠 파급효과를 강조했다.[18] 2015년이 되자 디지털 형식으로 변환되었다고 발표된 책의 수가 2,500만 권에 이르렀다. 이는 디지털화된 문화유산 도서가 5년 만에 두 배로 증가했음을 의미했다. 스캔 작업의 효율성은 프로젝트 초기부터 계속 향상되었다. 2002년 초창기에는 300쪽 분량의 책을 디지털화하는 데에 40분이 걸렸지만, 2015년에는 1시간에 300쪽 분량의 책 20권, 전부 6천 쪽을 스캔할 수 있게 되었다.[19] 하지만 이 프로젝트에는 많은 법적 문제와 논란이 수반되었다. 야심 찬 모험은 처음부터 저작권자들에게 위협이 되었고, 법원 조정도 다수 이루어졌다. 이제 많은 출판사들이 이 프로젝트의 파트너가 되었고, 구글북스 웹사이트는 고객들에게 도서 구매를 종용하고 있다.

　구글북스는 스캔된 언어의 개수만 보아도 대규모 글로벌 프로젝트이다. 일일이 열거할 수 없을 정도로 디지털화된 책의 종류와 오래된 장서로 구성된 작은 컬렉션이 많다. 1971년에 개설된 〔일종의 전자도서관〕 프로젝트 구텐베르크Project Gutenberg에는 현재 거의 6만 권의 책이 소장되어 있고, 대부분 공개된 상태이다. 중요한 점은, 책을 스캔하여 텍스트를 광학적으로 인식할 수 있게 했을 뿐만 아니라 모든 책의 교정을 사람이 맡아서 했다는 점이다. 원래 목표는 TXT,

HTML, EPUB, PDF 등 다양한 형식의 무료 전자책을 제공하는 것이었다. 동시에 연구자들을 위한 정식 참고문헌까지 제공한다.[20]

프로젝트 구텐베르크는 북유럽 문화와 역사에 관한 공개 도메인 책을 온라인 출판한 스칸디나비아의 프로젝트 루네베르크Project Runeberg(1992) 같은 후발 주자들을 고무시켰다.[21] 150만 권의 책이 소장된 유니버설 디지털도서관도 있다. 중국의 저장대학교와 인도의 인도과학연구소가 주관한 이 프로젝트에는 중국 대학교 7곳과 인도 대학교 8곳이 파트너로 참여하고 있다.[22] 16세기부터 현재까지 아랍어, 벵골어, 중국어, 영어, 힌디어, 산스크리트어, 우르두어 텍스트를 망라했다는 특징이 있다.[23]

여타의 디지털화 프로젝트들도 대륙을 횡단하는 거대한 목표를 갖고 있다. 유네스코는 이미 1970년대부터 광의의 문화 개념을 강조하면서 세계문화유산 보존을 분명한 목표로 삼았다. 디지털 기술이 문화를 보존하는 새로운 길을 제공해 줄 것이 분명했다. 유네스코는 1992년 세계의 기억 프로그램에 착수했다. 지구 곳곳의 지역 및 국가 기반 프로젝트를 한곳에 모으는 거점기획사업으로, 전쟁이나 사회적 격변이 문화유산에 미칠 악영향과 문화적 가치가 높은 컬렉션 자료의 유실에 대한 우려에서 출발했다. 유네스코는 모든 대륙의 컬렉션을 포함하는 세계기록유산의 기억이라는 프로젝트를 주관했는데, 여기에는 앙골라에서 마다가스카르까지, 캄보디아에서 바

누아투까지 포함되었다. 1990년대 초에 작성된 최초의 지침서에는 마이크로필름을 이용한 문서유산의 보존이 강조되었다. 그러나 곧 디지털 기술이 기록유산을 보존할 새로운 솔루션이 될 것임이 분명해졌다. 세계의 기억 프로그램을 통해 유네스코는 "세계의 기록유산은 우리 모두에게 속하며, 모두를 위해 온전하게 보존되고 보호되어야 하며, 문화적 관습과 실용성을 마땅히 인식하는 모두가 아무런 방해 없이 영속적으로 접근할 수 있어야 한다"는 비전을 주창했다.[24]

구글북스와 프로젝트 구텐베르크 같은 디지털화 주관 기관은 텍스트 작업을 강조했지만, 시각과 오디오 및 시청각 자료의 디지털화도 그에 못지않게 중요하다. 19세기와 20세기를 통틀어 문헌 텍스트가 우리의 일반적인 과거 인식뿐 아니라, 과거에 접근하고 탐구하고 제시하는 방식까지 지배했다는 사실은 의심할 여지가 없다. 그러나 전체 역사를 통틀어 중요한 부분을 차지하는 시각문화를 소홀히 한다는 문제가 있다. 반면에 미국 기억 프로젝트와 같은 사업은 사업의 특성상 다중모드multimodal 방식으로, 다양한 종류의 문화적 유물의 중요성을 강조한다. 2008년에 출시되어 지도와 음악, 예술품과 사진, 원고와 신문을 제공하는 유로피아나Europeana〔유럽연합 내 저작물을 무료로 제공하는 인터넷사이트〕도 마찬가지다.[25] 2017년 기준, 유로피아나는 "5개의 주제별 컬렉션, 30개의 전시회 및 수십 개의 큐레이터 갤러리가 있는 5,300만 개의 디지털 자료"를 제공하고 있다.[26] 오늘날에는 시각 자료가 웹에 점점 더 많이 업로드되고 있다. 업로드 작업에는 갤러리, 도서관, 민간 재단 및 기타 여러 조직이 참여하고 있다.

디지털 과거의 편견

초창기 디지털화 프로젝트는 공공 및 민간 파트너십을 기반으로 많이 진행되었다. IBM이 여러 도서관 및 문서보관소와 함께 열정적으로 대형 프로젝트를 출범시킨 유일한 대기업은 아니었다. 코닥과 제록스 같은 다국적기업도 이러한 선구적인 작업에 적극 참여했다.[27]

밀레니엄 시대를 지나면서 연구를 위한 디지털화 프로젝트의 중요성이 점점 더 분명해지면서 디지털 시장에 관한 관심 또한 증가했고, 그에 따라 경쟁이 심화하였다. 지난 20년 사이에 디지털 형태의 신문이 상용화되었고, 많은 프로젝트가 공공사업으로 시작되었다. 국립도서관들은 연구자와 역사 탐구에 관심 있는 모든 사람에게 컬렉션을 개방한다는 목표를 세웠다. 이 가운데 브라질과 멕시코 국립도서관 컬렉션은 개방형 수장고에 해당한다.[28] 디지털화된 신문은 18~19세기를 연구하는 학자들의 연구 관행을 완전히 뒤바꾼 빅데이터로 자리 잡았다.

그러나 전 지구적 관점에서 볼 때, 이렇게 풍부한 자료가 과거를 반영하는 방식에는 많은 편견이 있다. 첫째, 디지털화 프로젝트는 각기 다른 시간 리듬에 따라 진행되었는데, 이는 초국가적인 문제를 연구할 때 연구 기반이 매우 불균형해질 수 있음을 의미한다. 둘째, 이러한 컬렉션들의 내부 규정도 각기 다를 수 있다. 일부 컬렉션은 공공-민간 파트너십의 후원 하에 구축되기 때문에 소장품 이용이 무료가 아닐 수 있다. 컬렉션에 저작권 문제가 남아 있으면 설령 완전 개방을 보증했더라도 제한되는 경우가 있을 수 있다.

일반적으로 20세기보다 18~19세기 자료를 더 많이 디지털화하는 것도 순전히 저작권 문제 때문이다. 세계 전 대륙에 수많은 디지털 신문 아카이브가 있지만,[29] 그 수준은 지역에 따라 천차만별이다. 일부 지역의 아카이브들은 엄청난 데이터베이스를 갖추고 이를 전 세계 대학에 판매하는 민간 기업에 자료를 의존하고 있다. 예컨대, 미국 뉴스뱅크NewsBank(미국의 미디어 출판물 아카이브 제공 회사)의 한 사업부인 리덱스Readex는 칠레, 쿠바, 아이티, 파나마 등에서 나온 자료를 포함해 라틴아메리카 신문을 두 가지 컬렉션으로 구분하여 제공한다. 리덱스는 알제리에서 나미비아, 나이지리아에서 우간다에 이르는 아프리카 신문 데이터베이스도 관리하고 있다. 이 분야의 또 다른 선두 주자는 게일 센게이지Gale Cengage(미 온라인 데이터베이스 제공 회사)이다. 게일은 〈타임스〉, 〈파이낸셜 타임스〉, 〈런던뉴스주간지〉의 역사 아카이브를 포함해 수많은 1차 자료 컬렉션을 보유하고 있다. 게일은 다른 영국 신문 아카이브도 구축하고 있는데, 영국 도서관과의 공동 노력으로 디지털화되었다. 뉴스뱅크와 게일에 이어 세 번째 규모의 온라인 콘텐츠 제작사는 프로퀘스트ProQuest로, 이곳의 방대한 컬렉션은 〈워싱턴포스트〉와 〈뉴욕타임스〉 같은 역사적인 신문들을 포함하고 있다.[30]

이러한 자원은 모두 귀중한 연구 도구이지만, 비용 문제라는 장벽이 남아 있다. 연구자가 소속된 대학교에서 상용 데이터베이스의 이용 라이선스를 취득하지 못한 경우, 전 지구적 디지털 유산에 접근할 방법이 없다. 해당 인터넷사이트에 대한 접속 권한이 없는 사람은 어쩔 수 없이 실물 자료를 보관한 곳에 직접 방문해야만 한다. 이는 새로운 형태의 연구 불평등을 초래한다. 오늘날 디지털 역사 연구에 필수적인 데이터마이닝data mining[대규모 데이터베이스에서 데이터를 분석하는 일]에 유리한 사람은 누구인가? 연구에 이용할 수 있는 학술 인프라가 얼마나 잘 구축되어 있는가? 비용은 얼마나 들고, 결국 누가 이 자원에 대한 비용을 지불하는가? 디지털화는 멀리 떨어진 도서관과 문서보관소에 있는 자료에 대한 접근성을 개선했지만, 디지털화 프로세스는 새로운 불평등을 생성하여 연구 조건을 변질시키고 있다.

지금까지 살펴본 모든 자료 저장소는 훌륭한 연구 자원으로, 오늘날에는 거의 필수 불가결하다. 그러나 이 자원들이 거꾸로 연구 수행 방식을 감독하고, 어떤 역사적 논제를 설정하고 연구 환경을 구축해야 하는지를 간접적으로 지시하기도 한다. 물론 아직은 디지털화가 과거 연구에 어떤 영향을 미쳤고, 그것이 연구 관행뿐만 아니라 일반적인 수준에서 역사적 견해와 비전을 어떻게 형성했는지 말하기는 이르다. 예를 들어, 19세기 빅토리아 시대 연구는 오늘날 역사학뿐만 아니라 문학 및 문화 연구에서도 활발한 연구 분야에 속한다. 이는 해당 시대의 디지털 자원의 확장과 일부 관련이 있다. 따라서 디지털 역사가는 항상 취급하는 자료의 한계선을 인식하고, 선택한 자료가 본인이 수행할 역사 분석과 전시 방식에 어떤 영향을 미치는지도 물어봐야 한다.

본디지털 시대

지금까지 디지털화 프로젝트에 비추어 과거의 디지털성에 대해 논했다. 그러나 우리는 현재 본디지털Born digital 콘텐츠의 시대에 살고 있다. 디지털문화 시대는 역사적인 시기로서 그 중요성이 점점 더 커지고 있다. 디지털문화 시대는 다양한 자료가 오직 디지털 형식으로만 생성된다는 점이 이전 시대와 다르다.

1960, 70년대의 대형 메인프레임 계산기 같은 최초의 컴퓨터를 기억하는가? 아니면 1980년대에 우리의 일상으로 들어온 소형컴퓨터는? 이미 그 자체로 역사적 중요성도 있고 구체적인 연구 과제도 있는 시기지만, 우리는 이러한 발전을 '당대 문화'로 묘사하려는 경향이 있다. 지난 수십 년 동안 모든 것이 디지털은 아니었지만, 공공담론과 소셜미디어, 라디오 및 텔레비전방송과 개인 통신은 물질적 형태로 존재하던 '원본'이든 저장된 사본 형테이든 빈번하게 디지털로만 생성되고 유통되었다. 본디지털 시대가 심화할수록 역사가의 작업에서 디지털 자료가 차지하는 비중도 커지고 있다.

닐스 브뤼거와 디테 로르센은 디지털 인문학이 오랫동안 본디지털 콘텐츠에 매우 무관심했다고 꼬집었다. 연구의 초점이 "주로 특정 유형의 디지털 자료에 맞춰져 있었다. 처음에는 디지털이 아닌 형태(수기 원고, 서면 문서, 그림, 서적, 신문, 간혹 라디오나 텔레비전)로만 사용할 수 있었던 자료들이 키보드나 펀치카드(카드에 구멍을 내어 숫자나 기호 등을 분류 및 검색하는 카드)로 전송되는 것부터 스캔하거나 디지털녹음으로 변형하는 것까지 다양한 방식으로 디지털화되었다."[31] 결국, 불과 몇 십 년 동안의 역사에서 디지털성이 중요한 비중을 차지하게 되면서 디지털 인문학의 연구 대상도 변화해야만 했다.

그렇다면 역사가들의 연구 대상이 된 본디지털 시대의 존재론적 · 인식론적 전제는 무엇인가? 여기서 나는 '존재론'이라는 용어를, 암묵적이든 명시적이든, 과거의 실체와 존재 형태, 인식 및 관념에 관한 연구라는 의미에서 사용한다. 예를 들어, 1960~70년대의 인터넷과 실시간 방송권으로 묶인 지구적 공동체 간에는 존재론적 차이가 있을 수 있다. 이 차이는 역사적 과정의 본질뿐만 아니라, 연구자가 사용하는 전략에도 영향을 미친다.

'인식론'이라는 용어는, 다른 학술 연구와 마찬가지로 역사 연구에서도 지식의 본질과 앎의 조건에 초점을 맞추는 것이 중요하다는 점을 언급하고자 사용한다. 본디지털문화의 경우, 과거 현상에 대해 어떤 종류의 자료가 보존되었는지, 이러한 자료가 어떻게 해석되어야 하고 해석될 수 있는지 등이 인식론에 포함될 수 있다. 분명히 존재론적 측면과 인식론적 측면은 함께 묶여 있고, 실제 연구에서도 명확하게 분리될 수 없다. 이러한 차원은 본디지털 역사와 특성 및 개념을 구성하는 데에도 도움이 된다.[32]

이전 문헌에서 '디지털문화의 출현'이라는 주제는 많은 논쟁을 불러일으켰는데, 그 자체가 이미 존재론적 쟁점인 셈이다. 찰리 기어는《디지털문화》(2002)에서, 19세기 후반부터 20세기 초반까지 이어진 기술 발전, 구체적으로는 1870년대 찰스 배비지의 분석 엔진〔영국의 수학자인 배비지는 현대 디지털컴퓨터의 전신인 분석 엔진을 최초로 구상했다〕과 1930년대 콘라트 추제의 계산기〔독일의 전자공학자인 추제는

최초의 상용화 컴퓨터인 Z4를 발명했다) 같은 발명품으로 되돌아간다.[33]

로렌 라비노비츠와 아브라함 게일은《메모리 바이트: 역사, 기술, 디지털문화》(2004)라는 책에서 디지털문화를 정의하는 많은 전략을 지적한 바 있다. 이 책에서는 디지털문화를 가장 간단하게는 "전기통신과 정보네트워크, 전자제품, 그리고 전자 또는 전자기 신호를 이용하는 이진수 자료에 기초한 컴퓨터 시스템으로 포화된 사회"라고 정의했다. 가장 광범위하게는 "당대 생활의 에토스에 관한 비유"라고 정의했다. 비록 지나간 10년간을 표시하지는 않더라도, 이런 정의는 종종 "디지털 기술의 뚜렷한 특징, 즉 속도, 호환성, 가변성 등으로" 설명되는, 적어도 뭔가 당대적인 것을 가리키는 개념이라고 볼 수 있다.[34]

이처럼 디지털문화라는 용어는 당대적 현실 세계의 전형을 구현하는 데에 사용되는데, 이때 새로운 장치를 통한 커뮤니케이션의 강화가 중심에 놓이게 된다. 동시에, 디지털성을 역사화하고 디지털문화를 역사의 경로를 바꾸는 결정론적 과정으로 보지 않고 훨씬 더 긴 역사적 발전의 결과로 바라보는 연구 노력이 많았다.

그런데 본디지털문화의 시각에서는 질문이 약간 다르게 보인다. '본디지털'은 디지털 형태로 태어난 문화 생산물을 가리킨다. 이 개념은 흔히 특정 재료의 플랫폼에 신호가 저장되거나 새겨진 녹음과 같은 인공물을 가리키는 아날로그 제품과의 차이점을 강조하기 위해 만들어졌다. 디지털 기록에서 생산물은 디지털 방식인 숫자로 저장된다. 덧붙여, '본디지털' 용어는 아날로그 문화뿐만 아니라 아날로그로 생성된 이후에 디지털 형태로 변환된 대상과의 차이도 수반한다.

이런 의미에서 '본디지털'이라는 용어는 디지털성의 고유한 특징을 강조한다. 즉, '본디지털'이란 옛것에서 새로운 것으로 가는 이행기에 태어난 것이 아니라, 신세계의 원주민으로 선언된 것을 대변한다. 따라서 '본디지털'이라는 용어에는 존재론적 어조가 묻어 있다. 이 용어는 최근에야 등장하고 과거의 흔적을 남겨 놓은 다른 세계에 속한다는 것을 주장하기 때문이다. 구글 앤그램 뷰어Google Ngram Viewer 구글북스 영어 컬렉션에는 '본디지털'이라는 단어가 1990년대 초에 등장하지만 2000년대에 와서야 사용되는 말이라고 되어 있다.[35]

독일의 미디어 이론가 지크프리트 지엘린스키는 본디지털문화의 초창기 선구자로 꼽힌다. 그는 1989년에 출판한 《시청각: 막간극으로서의 영화와 TV》에서, 영화와 TV는 시청각의 장구한 역사에서 단지 막간극에 불과할 뿐, 미래에는 디지털 형태의 제품이 지배할 것이라고 주장했다. 디지털 제품을 가지고 필름에 인쇄하기도 하고 자기테이프로 변환할 수 있게 된다는 것이다.[36] 흥미롭게도 이 책은 10년 후 '오디오비전: 막간극으로서의 영화와 TV'라는 제목의 영역본이 나왔는데, 그 무렵에는 디지털문화가 벌써 확산되고 인터넷은

일상적인 도구가 되어 있었다.[37]

역사적 미디어의 관점에서 본디지털문화를 정의한다면, 디지털 사진과 비디오, 가상현실과 디지털 게임, 다운로드 가능한 음악과 라이브 스트리밍, 소셜미디어 사이트와 블로그, 이메일과 기타 여러 형태의 디지털 표현의 시대라고 할 수 있다. 디지털 미디어 제품은 다양한 문화적 관행을 통해 인간의 상호작용과 우리 삶의 방식에 뒤엉켜 있어서, 이런 자료에 접근하지 않고서는 2000년대의 경제 · 문화 · 정치를 연구하는 것이 불가능할 정도이다.

이것은 밀레니엄 전환과 그 여파에 관심을 가질 미래의 역사가에게는 큰 도전이 될 것이다. 1990년대 그리고 2000년대에 관한 역사 서술은 디지털 자료에 기반해야 하지만, 보존된 자료는 일부이고 대부분은 파괴 · 삭제되었거나 읽기 어려운 상태로 저장되어 있다. 또, 미래 시대의 역사가는 확실히 시대의 존재론적 전제들을 반드시 개념화해야 한다. 방대한 디지털 정보가 컴퓨터 도구로 관리되는 상황에서, 역사가의 방법론적 도구 상자를 다시 한 번 재고해야 할지도 모른다.

바이럴성

'본디지털'의 존재론은 1990년대 이후 공적 담론과 문화 연구에서 관심이 높아진 바이럴성virality을 인식함으로써 더 정교해질 수 있다. 이 단어 자체는 미생물학과 의학, 곧 감염성 생물학 시스템 연구에 뿌리를 두고 있다. 바이러스는 숙주세포에서 복제되고 점진적으로 확산하며 질병을 유발한다. 사전적 정의에 따르면, 바이럴viral은 이러한 미생물학적 배경, 곧 "바이러스에 의해 발생하는" 또는 "바이러스나 바이러스들과 관련된"[38] 어떤 것을 가리킬 수 있지만, 더 넓은 의미로도 생각할 수 있다. 공적 담론에서 '바이럴'은 뭔가 '바이러스 같다'거나 '바이러스처럼 퍼진다'는 것을 의미한다.

2015년에 "바이러스적 특성"을 의미하는 virality가 《옥스퍼드영어대사전》에 수록되었다.[39] 바이럴 아이템이 얼마나 빠르게 확산되는지를 보여 주는 사례는, 2012년에 '보이지 않는 아이들Invisible Children'이라는 비영리단체가 만든 다큐멘터리영화 〈코니 2012년 KONY 2012〉이다. 이 영화는 업로드 하루 만에 3,400만의 조회수를 기록했다. 6일이 지나자 조회수는 1억 뷰까지 올랐다.[40] 폭발적인 증가세였지만, 이 작품에 대한 기억은 오래가지 못했다. 그로부터 8년이 지난 2000년 기준, 이 영상의 조회수는 총 1억 2백만 회로, 시청자 대부분이 업로드 첫 주에 시청했음을 뜻한다.[41]

바이럴성은 2000년대 현상이지만, 인터넷 사용의 폭발적인 증가로 촉발된 커뮤니케이션의 혼란 속에서 등장한 이 아이디어는 본디 디지털 시대의 존재론에 깊게 뿌리를 두고 있다. 1994년 더글러스 러시코프가 쓴《미디어 바이러스》가 선구적인 저작으로, 그는 정보사회의 첫걸음을 논의의 출발점으로 삼았다. 러시코프는 "10년 전의 최첨단 뉴스룸보다 더 많은 미디어 수집 기술을 갖춘" "평균적인 미국 가정"의 특징을 제시힌디. 쟁반형 수신기, 개인용컴퓨터, '가족과 70개 이상의 프로그래밍 선택을 연결해 주는 케이블박스', 캠코더, 제록스복사기, 팩스가 있다. 모든 가정이 인터렉티브 미디어센터로 변모했다.[42] 러시코프에 따르면, 통신 기술의 전유는 미디어 트래픽을 폭발적으로 증가시켰다. 그래서 그는 미디어 바이러스가 단지 은유적 의미의 바이러스가 아니라고 주장한다. 미디어 이벤트는 "바이러스 같은like 것이 아니라, 바이러스이다are."[43] 그래서 미래의 미디어 문화는 온라인 감염에 지배될 것이다.

2007년《디지털 감염: 컴퓨터 바이러스의 미디어 고고학》을 펴낸 유시 파리카는 바이럴성 역사 연구의 선구자에 속한다.[44] 90년대에 러시코프는 바이러스를 트로이 목마에 비유했다. 생물학적 바이러스는 단백질 껍질을 이용해 "건강한 세포에 달라붙은 다음, 내부에 자체 유전암호인 필수유전자를 주입한다."[45] 파리카는 1990년대 이후 구축된 정보사회를 디지털 감염과 지식 순환의 플랫폼으로 규정하고, 트로이목마와 웜, 바이러스 및 멀웨어를 전면에 내세운다. 모든 통신네트워크가 번지는 감염균에 즉각 노출되기 때문이다.[46]

러시코프 이후, 디지털문화의 바이럴성 아이디어는 단순히 컴퓨터를 감염시키거나 하이재킹하는 멀웨어를 조명하는 차원을 넘어 디지털문화 전 영역으로 확대되었다. 컴퓨터 네트워크상에서 모든 형태의 콘텐츠, 이메일, 이미지나 비디오는 감염 가능한 바이러스 형태로 빠르게 퍼질 수 있다. 오늘날 인터넷 밈meme은 소셜미디어를 통해 세계적인 현상이 되었다. 결국에는 컴퓨터와 모바일 장치가 바이러스의 운반자가 되는 셈인데, 이를 제어하고 콘텐츠를 공유하는 인간도 마찬가지다. 알고리즘도 감염을 가속화한다. 알고리즘은 우호적인 수신자와 잠재적 공유자에게 해당 콘텐츠를 표시한다. 사용자가 선택한 주제와 아이템을 자동 연결해 주고, 이를 통해 순가시성과 문화적 비중을 높이는 프로그램들도 있다. 이러한 문화적 바이러스 감염은 단선적 과정의 일부가 아니라 예상치 못한, 기발한 뿌리줄기 연쇄반응이라 할 만하다. 여기서 인간과 비인간, 물질과 기술은 한데 뒤엉켜 분리할 수 없는 전체를 형성한다.

텍스트와 이미지, 기타 콘텐츠가 빠르게 확산되는 맥락을 고려할 때 바이럴성은 비인간적 혹은 비개인적인 것처럼 보인다. 이와 관련해 참가자와 문화 창작자의 역할을 두고 활발한 논쟁이 벌어졌다. 2006년 헨리 젠킨스는 두 권의 저서를 발표했다.《컨버전

스 컬처: 올드 미디어와 뉴 미디어의 충돌》과《팬, 블로거, 게이머: 참여 문화에 대한 탐색》이 그것이다. 젠킨스는 청중을 인터렉티브 interactive 청중으로 이해하는 패러다임의 전환을 강조했다. 이제 청중은 수동적 수신자가 아닌 "미디어 콘텐츠를 보관하고, 주석을 달고, 전유하고, 재유통시키는" 존재라는 것이다.[47]

다양한 형태의 소셜미디어, 밈 문화의 집단적 창의성, 문화적 기호와 상징을 전유하는 방식은 젠킨스가 말하는 참여 문화의 일부이다. 이러한 관행을 바이럴 문화의 번식지이자 존재론적 근거라고 주장할 수 있다. 참여 문화는 미디어 콘텐츠를 직접 제작할 뿐만 아니라, 다른 사용자가 공유한 항목을 공유함으로써 정서적 애착을 표현하는 일종의 욕구인 것처럼 보인다. 마케팅 분야에서는 이미 이를 악용하여 바이럴 제품을 만들거나, 사업체가 잠재적인 신규 고객을 찾도록 도와주는 일대일 추천 네트워크 구축 방법에 대한 논의가 오래전부터 있었다.[48] 사용자와 네트워크 간의 역학 관계를 기반으로 한 바이럴성은, 새로운 콘텐츠를 지속적으로 공급할 뿐만 아니라 사용자에게 예상치 못한 주제와 현상을 불러일으킨다.

본디지털의 인식론

본디지털의 존재론에 대한 기존 논의는 지난 수십 년 동안 진행된 기술과 문화의 융복합을 바라보는 부분적인 견해에 불과하지만, 이는 미래의 역사가들이 20세기 후반과 21세기 초반의 역사를 이해할 때 반드시 탐구하고 재고해야 할 대상이다. 본디지털 시대의 인식론적 성격과, 현재와 미래에 대한 학습 조건도 문제다. 철학적 용어로서 인식론은 존재론만큼이나 복잡하다. 이 개념은 광의적으로 지식 이론을 가리키며, 진리·믿음·정당화 같은 개념과 자료 문제, 지식 구조 및 범위 같은 문제를 포함한다.[49]

자료 문제만 하더라도 본디지털의 인식론은 본디지털문화와 매우 밀접하게 연관되어 있다. 본디지털 시대는 디지털 플랫폼과 다양한 저장 형식으로 이루어진 급격한 기술변화의 시대임이 입증되었다. 오래된 DOS 게임은 현재의 운영 시스템으로는 즐길 수 없는 소프트웨어에 접근할 수 있도록 해 주는 에뮬레이터를 통해 탐색해야 한다. 지금의 대용량 하드디스크 드라이브와 클라우드 서비스가 나오기 전에 컴퓨터 사용자들은 8인치, $5\frac{1}{4}$인치, $3\frac{1}{2}$인치 플로피디스크에 파일을 저장했다. 그러다가 디스크 드라이브가 없는 신모델 컴퓨터가 등장했다. 그리고 인터넷의 역사가 시작되었다.

오늘날 인터넷 콘텐츠의 보관은 국립도서관과 기타 기관의 정식 업무가 되었다. 그러나 아직 무료로 이용할 수 없는 인터넷 서비스가 많다. 자료 아카이브가 있더라도 미래의 비즈니스 용도나 이용자가 모르는 목적을 위해 사용된다. 1990년대 인터넷 출현의 가장 큰 특징은, 데이터의 영속성이나 지속가능성보다는 전 지구적 시뮬라크라 세상 안에 살고 있다는 생각, 곧 매체의 자발성이었다. 물론 성공적인 아카이브 프로젝트도 여럿 있다. 그중 가장 유명한 것은, 2001년 미국의 비영리제단 인터넷 아카이브Internet Archive가 제작한 웨이벡 머신Wayback Machine〔디지털 타임캡슐〕이다. 여기에 보존된 가장 오래된 자료는 1996년으로 거슬러 올라간다. 오늘날 웨이백 머신에는 3,760억 쪽의 웹페이지 아카이브가 보존되어 있다.[50]

최근 수십 년 동안 역사가들을 괴롭힌 가장 큰 장애물은 데이터 파괴가 이미 일어나고 있다는 사실이다. 웨이백 머신 같은 서비스에도 불구하고, 많은 인터넷 콘텐츠가 영원히 사라져 버렸다. 이 점을 간과해서는 안 된다. 다른 역사 시대도 사정은 비슷하다. 고대 그리스의 문자문화에서 남아 있는 자료를 생각해 보자. 그리스 비극에 대한 우리의 이해는 당시에 쓰인 비극들 중 일부에 근거해 있다. 아이스킬로스의 88개 희곡 작품 중 고작 7개 작품만이 현재까지 살아남았고, 다른 작가의 경우도 이와 비슷하다.[51] 후세에 아무것도 남기지 않아 다른 자료를 통해서만 간접적으로 알려진 철학 분파들도 있다. 문서 보관 문제는 결코 해결된 문제가 아니다. 지금 이 순간에도 새로운 자료와 기술이 끊임없이 생성되고 있다.

역사가들에게는 자료 부족보다는 오히려 자료의 방대함이 또 다른 문제이다. 우리는 데이터가 너무 많아 보이는 압도적인 정보의 세계에 살고 있다. 정보 과부하 개념은 1970년에 저술된 앨빈 토플러의 책《미래의 충격》에 나온다. 토플러의 요점은 변화의 속도가 지속적으로 가속화되어 "정보를 흡수, 조작, 평가, 보존하기 어렵다"[52]는 것이다. 이 개념은 1970년 이전에도 같은 의미로 사용되었다. 1966년의 마셜 맥루한이 좋은 사례이다.[53]

1960년대 후반, 텔레비전과 위성 네트워크가 확장되는 시대에 정보 과부하 문제가 억압적이고 압도적으로 느껴졌다면, 인터넷 시대에는 그런 느낌이 더 강하게 들 것이다. 오늘날 디지털 자료의 범람은 디지털 미디어를 커뮤니케이션 플랫폼으로 사용하는 관행 및 이와 관련된 풍부한 문화상품과 관련되어 있다. 다양한 프로세스를 모니터링하면서 디지털 데이터베이스가 계속 증가하고 있다는 사실도 관련이 있다. 이러한 데이터 스트림에는 웹사이트 로그, 활동 추적기에서 생성된 개인 건강 정보, 은행과 증권거래소 데이터, 알고리즘으로 생성된 지리 공간 데이터 등이 포함된다.

오늘날 그 어느 때보다 많은 데이터가 생성되고 있다. 이 데이터는 미래에 21세기 초반부의 삶을 분석하고 이해하는 데에 활용될 것이다. 그러나 이 데이터가 어느 정도로 연구 목적에 맞게 이용될 수 있을지, 앞으로 몇 년 동안 어떻게 사용될지를 판단하기란 어렵다. 이러한 데이터 세트에는 필연적으로 컴퓨터 분석이 필요하며, 디지털 인문학에서 개발한 도구의 적절한 사용이 필요하다.

방대한 데이터를 평가하는 것은 미래 역사가의 주요 과제가 될 것이다. 이러한 도전에 적응하려면 적어도 현대 역사가는 온라인 미디어 연구, 디지털문화 및 기술 연구에서 범학제적 연구 형태로 진행된 최근 성과물을 도대로 역시가의 도구 상자를 확대할 필요성이 있다. 그와 동시에 자기테이프, CD롬, 최신 클라우드 서비스에 이르기까지 그사이에 달라진 디지털 플랫폼과 저장 형식을 꼼꼼이 살피는 미디어 고고학 작업의 필요성을 평가하는 것이 중요하다.[54]

본디지털 시대에 관한 연구는 인식론적 측면과 존재론적 측면이 뒤엉켜 있는 것처럼 보인다. 지식의 조건이 디지털문화의 구조와 과정, 그리고 무수한 사례들과 얽혀 있다. 닐스 브뤼거는 《웹 아카이브: 디지털 시대의 역사 연구》(2018)에서 본디지털 콘텐츠가 보관될 때 존재론적 전이가 일어나는 것처럼 보인다고 했다. 흥미로운 지적이다. 본디지털 미디어의 보관 형태는 기본 성격에 따라 달라진다. 브뤼거에 따르면, '디지털'과 '본디지털' 개념 외에도 세 번째 범주인 리본디지털reborn-digital[접근하기 쉽게 디지털화되어 온라인에 저장된 정보]을 해독할 필요가 있다. 리본디지털이란 "수집 및 보존되고, 이 과정에서 변화된 본디지털 미디어"이다.[55]

웹 역사를 분석하는 브뤼거는, 특히 역사가의 추론 문제에 해당되는 웹 아카이브에 중점을 둔다. 그 이유는 본디지털 콘텐츠가 저장될 때 새로운 디지털 층위가 생성되고, 보관 목적으로 데이터가 재구성되며, 사용자 인터페이스가 역사가가 '아카이브'와 상호작용하는 방식에 강력한 영향을 미치기 때문이다. 본디지털 콘텐츠의 양이 급증하고, 지금도 기하급수적으로 증가하고 있는 상황에서 이러한 측면은 강조할 만하다.

이는 또한 디지털 콘텐츠로 구축된 미래 아카이브나 데이터베이스에 대한 새로운 기대를 제기한다. 이 웹 아카이브에는 오늘날의 소셜미디어 토론과 온라인 출판물, 이미지 컬렉션, 모바일 게임 및 소프트웨어, 사용자 생성 데이터 세트 등 미래 세대가 탐구할 수많은 디지털 유물이 보존된다. 웹 아카이브 분석 작업에서는 다차원적인 디지털성이 데이터가 과거에 대해 알려 줄 수 있는 방식에 어떻게 영향을 미치는지 연구자들이 비판적으로 평가할 수 있도록 리본디지털 자료의 구축 원리를 공개적으로 표명하는 것이 중요하다.

2장

디지털 역사의 읽기와
텍스트성

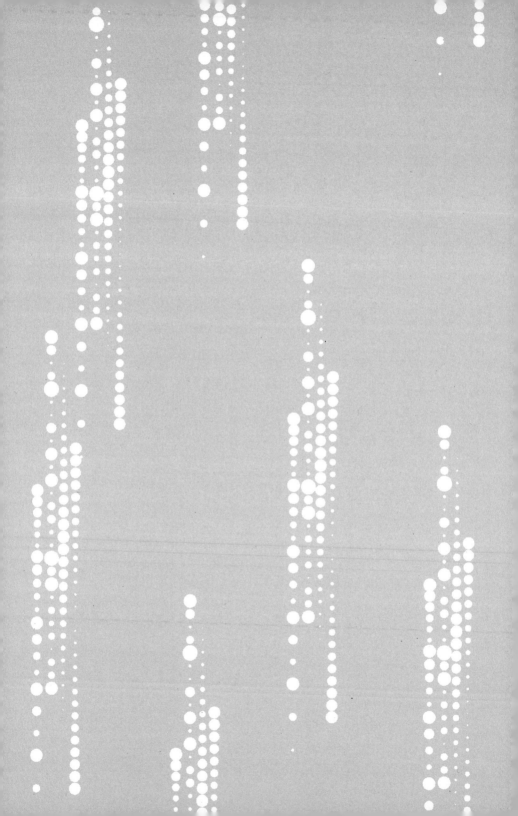

"어떤 책은 맛보고, 다른 책은 삼키고, 어떤 책은 씹으며 소화해야 한다." 16세기 후반에 프랜시스 베이컨이 〈공부론〉에서 한 말이다. "어떤 책은 일부만 읽어야 한다. 다른 책도 읽어야 하지만, 호기심에서 읽어서는 안 된다. 그리고 내용 전체를 부지런히, 집중해서 읽어야 하는 책도 일부 있다."[1]

베이컨의 명구는 읽기 경험의 다면성, 다양한 리듬과 기능, 그리고 읽기가 결국에는 항상 읽히는 것과 우리가 만나는 텍스트와 관련이 있다는 사실까지도 포착한다. 디지털 역사가에게는 텍스트와 텍스트성의 역할뿐만 아니라 다양한 읽기 관행이 필수적이다. 본 장에서는 먼저 예나 지금이나 역사가들이 과거를 이해하려는 노력에 필수적인 연구 관행으로서의 읽기에 대해 논할 것이다.

읽기는 종종 재미있고 때로는 고통스럽고 힘들지만, 세계에 대한 우리의 이해와 정보 소화의 중심이다. 역사 연구는 종종 책의 영역으로 특정된다. 역사가는 동시에 두 가지 대화에 참여해야 한다. 과거의 자료로부터 지식을 얻어야 하고, 과거 및 현재의 역사가들과 대화해야 한다. 읽기는 연구 관행이다. 이는 디지털 역사가도 마찬가지다. 디지털 역사가는 수세기 전의 읽기 전통에 참여하는 동시에, 자료를 해석하는 새로운 방식을 채택해야 한다. 디지털 역사가는 소화해야 하는 텍스트량의 증가와, 프랑코 모레티 같은 문학 연구자들이 옹호하는 '멀리서 읽기distant reading'라는 이중의 과제에 직면해 있다. 이번 장은 각종 멀리서 읽기 기술에 사용할 수 있는 빅데이터 텍스트에 대해 논하면서 마무리한다.

읽기 연구 방법

제임스 레이븐은 읽기의 역사를 분석하며, 읽기 행위를 '악명 높은 문제'의 연습이라고 묘사한다. 읽기 행위가 기록을 피하는 것처럼 보이기 때문이다. "자기가 하는 일을 적는 사람은 거의 없다."[2]

여백에 논평을 쓰거나 노트북에 댓글을 다는 사람이 있을지 모르겠다. 독서 일기를 쓰는 사람도 분명히 있다. 그러나 그 실제 과정은 여전히 수수께끼로 남는다. 그렇다면 역사가가 읽을 때에는 어떤 일이 일어나는가?《자료로 가는 길: 역사 연구와 글쓰기 지침서》에서 이 과정을 가시화하려고 한 앤서니 브런디지는, 연구 전반에 걸쳐 읽기의 필요성과 처음부터 곧바로 읽기에 개입해야 하는 필요성을 강조한다.[3] 많은 종류의 읽기 관행이 있고, 실행해야 하는 읽기

목록도 많다. 학자는 수많은 정보를 보유하고 가공할 수 있는 능숙한 독자여야 하고, 동시에 잘못되거나 관련 없는 정보를 걸러 낼 수 있는 비판적인 독자여야 한다. 더욱이 연구자는 1차 자료 저자의 배경 정보 같은 기본적인 세부 사항을 추적 및 확인하고, 이전의 역사 작품과 비교하여 최신의 연구 상태를 이해해야 한다.

읽기란 "서면이나 인쇄물을 정독"[4]하는 정보 습득 방법이다. 그러나 그 유사점과 차이점, 연속성과 불연속성을 식별하려는 노력, 가능한 설명의 테스트, 궁극적으로는 결론 도출 같은 해석 작업을 포함하기 때문에 다른 어떤 행위보다도 파급효과가 광범위하다. 독일의 독서사가 롤프 엥엘싱은 텍스트를 정독할 때 독서 개념을 구별할 필요성을 이해했다. 자료에 대한 개괄이 요구될 때에는 통독通讀이 필요하고, 세부 사항을 탐구해야 할 때에는 정독精讀이 필요하다고 지적했다.[5] 후자의 경우에는 텍스트를 한 번만 읽어서는 부족하다. 동일한 텍스트를 반복해서 읽어야만 거기에 내포된 의미와 중요한 구조를 이해할 수 있다. 읽기는 단순히 텍스트 기호를 해독하는 문제가 아니다. 읽기는 같은 텍스트나 이전 텍스트에서 한 번 읽은 내용에 대한 기억을 포함한다. 과거의 경험처럼 읽기 또한 미래에 대한 기대를 통합하는 측면이 있는데, 현재의 읽기는 작품의 향후 발전 경로에 관한 있을 법한 가설을 계속 생성하기 때문이다.

1990년대부터 역사가들은 역사가의 읽기 방법을 설명하기 위해

'가까이 읽기close reading'라는 표현을 반복적으로 사용했다.[6] 가까이 읽기는 주의 깊고 집중적인 읽기를 의미하는데, 이때 역사가는 세부 사항에 가까우면서도 동시에 행간 사이에 숨겨진 더 큰 맥락을 본다. '가까이 읽기' 개념은 1980년대, 특히 1990년대에 소위 새로운 문화사의 등장 이후 역사 연구에 널리 퍼졌다.[7]

가까이 읽기는 그 의미가 다소 다르긴 해도 문학 연구에서 빌려온 개념이다. 제2차 세계대전 이후 소위 새로운 비평의 실천가들이 이 개념을 옹호했다.[8] 새로운 비평가들은 문화적·역사적, 특히 전기적 맥락화를 지연하고, 문학작품을 독립적인 미적 대상으로 해석하고자 했다. 가까이 읽기라는 발상은 자율적인 예술 작품에 사용되는 형식 그리고 문학 장치 및 내부 구조에 집중하는 것이었다.[9] 1990년대 이후 가까이 읽기는, 적어도 역사가들의 담론에서는 자료의 형식과 표현에 대한 신중한 검토를 강조했다. 새로운 문학비평과 달리, 역사가들은 문화적·역사적 변화라는 더 넓은 틀에서 이러한 구조적 측면을 해석하는 것을 목표로 삼았다고 할 수 있다.

가까이 읽기란 발상은 '텍스트가 의미를 어떻게 만드는가'라는 질문과 관련이 있다. 텍스트의 의미화에 대한 관심에는 분명 여러 배경이 있겠지만, 1960~70년대에 유행한 기호와 기표에 관한 관심, 즉 기호학에서 받은 영감이 크다. 가까이 읽기는 텍스트에 대한 학술적 작업을 묘사할 때 가장 널리 사용되는 표현이지만, 문화에 대한 기호학적 이해에서 말하는 가까이 읽기는 서면이나 인쇄된 텍스트를 읽는 것과 그 의미가 다르다.

기호(학)적 전환semiotic turn은 언어를 한층 더 일반적인 방식에서 강조했다. 힌두어, 한국어, 포르투갈어 같은 자연어가 있다. 그러나 기호학자들은 다른 상징적 의사소통 수단도 '언어'로 해석했다. 예를 들어, 그들은 이미지도 고유한 언어를 가진 텍스트로 볼 수도 있다고 주장했다. 16세기 회화는 고유한 시각적 모티프, 인물, 장식품 등을 기반으로 한다. 음악언어는 멜로디, 코드 및 리듬 단위로 구성된다.[10] 읽기의 관점에서 본다면, 우리는 글이나 인쇄된 텍스트뿐만 아니라 많은 종류의 문화 생산물을 읽을 수 있으며, 읽기는 기호와 상징의 해석과 해독을 의미한다는 생각이 일반적이다. 독자는 책에 사용된 자연어, 특히 어휘와 구문을 아는 것과 같은 방식으로 이 의사소통으로 만들어진 다른 기록물을 알고 있어야만 한다.

기계로 읽기

오늘날 급변하는 미디어 세계의 한가운데에서, '읽기'라는 단어는 독자가 실제 인간이 아니라 기계장치일 때 더 많이 사용되고 있다. 예를 들어, 스캐너에서 시각 정보를 캡처하고 다른 파일 형식으로 변환하여 컴퓨터에서 정교한 추가 작업을 할 수 있는 광학 리더기 optical readers를 생각해 보자. 책 뒤표지의 바코드에는 제품에 대한 정보가 포함되어 있어, 서점에서 이 정보를 송장용으로 사용하고 다른 시스템에 전달하기 위해 광학적으로 읽게 된다. 여기서 '읽기'란 데이터의 해독과 변환을 모두 가리킨다.

앞 장에서 논의한 디지털화 프로젝트들도 광학 판독optical reading이라는 아이디어에서 비롯된 것이다. 방대한 디지털 집적체corpora 는 이미지를 텍스트로 변환하는 광학문자인식Optical Character Recognition(이하 OCR) 기술로 제작된다. 문자의 시각적 특징을 기반으로 하는 OCR은, 이 기술로 생성된 텍스트를 기계가 읽어 내어 아날로그 형식에서는 불가능한 텍스트 분석을 컴퓨터로 할 수 있게 해 준다. OCR의 역사적 배경에는 더 정통적인 읽기나 새로운 읽기 방법을 찾아내야 할 필요성이 자리하고 있다. 인쇄된 텍스트를 사람의 눈이 필요 없는 형태로 변환하는 기술에 대한 필요는 이미 20세기 초부터 있었다.

1913년 아일랜드의 물리학자 에드먼드 달베가 옵토폰Optophone을 개발했다. 텍스트를 스캔해서 문자를 소리로 변경하여 시각장애인이 보지 않고도 글자를 듣고 읽을 수 있게 하는 장치다.[11] 이후 수십 년 동안 문자의 자동 인식을 개선하기 위해 많은 기술이 개발되었다.[12]

근본적으로 디지털 인문학은 기계가 데이터를 읽을 수 있다는 전제를 기반으로 한다. 이는 연구자뿐만 아니라 컴퓨터나 소프트웨어로도 정보를 읽을 수 있음을 의미한다. 광학 리더기는 기계의 가독성을 높이는 과정에서 나온 하나의 장치일 뿐이다. 만약 '읽기'라는 것을 정보를 소화하고 구성하는 것으로 정의한다면, 기계는 확실히 읽을 수 있다. 더 나아가 읽기를 해석이라고 제안한다면, 기계가 내면화한 데이터를 분석하고 해석하도록 만들 수 있다는 것은 분명하다. 현재 상황에서 문제가 복잡해지는 이유는, 우리 자신이 독자일 뿐만 아니라, 새롭고 상상력 풍부한 방식으로 이뤄지는 읽기의 대상이기 때문이다. 우리의 말과 행동에 대한 알고리즘적 '읽기'는 시급한 문제이다. 이는 읽기의 문화사적 맥락이 지난 수십 년 동안 크게 변했다는 것을 의미한다.

멀리서 읽기

이 책의 주제인 디지털 역사는 디지털화된 빅데이터와 본디지털 빅데이터가 모두 기계가 읽을 수 있는 형태로 존재하는 현재의 문화적 조건을 기반으로 한다. 이러한 기반에서 역사 연구, 새로운 형태의 연구 환경과 역사 탐구 방법이 개발된다는 데에는 여심의 여지가 없다. 연구에 사용할 수 있는 기본 자료의 특성과 품질 및 범위가 변하면, 그에 따라 연구용 도구상자도 변해야 하는 것은 당연하다. 이러한 상황에서 역사가와 인문학 연구자들이 수십 년 동안 광범위하게 공을 들인 가까이 읽기 개념이 2000년대의 멀리서 읽기라는 아이디어에 도전받고 있다.

'멀리서 읽기distant reading'라는 용어는 가까이 읽기에 대한 논쟁적인 논평으로 유명해졌다. 이 용어는 이탈리아의 문학사가 프랑코 모레티가 2000년《신좌파 비평New Left Review》에 발표한 논문〈세계 문학에 관한 추측〉에서 주조되었다. 모레티는 멀리서 읽기를 통해 "텍스트보다 훨씬 작거나 훨씬 큰 단위인 장치, 주제, 비유, 또는 장르와 체계"에 집중할 수 있다고 주장했다.[13]

너무 가까이 읽어서는 볼 수 없는 큰 특징들은 약간의 거리를 두어야 포착된다. 그와 동시에 더 작고 미세한 요소들도 볼 수 있어야 하는데, 이 요소들은 누적되어야만 그 무게감이 느껴진다. 모레티는 2005년에 출간한《그래프, 지도, 나무: 문학사를 위한 추상적 모델》에서 다음과 같이 썼다. 이러한 거리는 "장애물이 아니고, 지식의 독특한 형태다. 요소들이 적으면 적을수록, 그 요소들의 전반적인 상호연결 감각은 더 예리해진다. 모양, 관계, 구조, 양식, 모델."[14]

모레티는《신좌파 비평》에 실린 첫 비평 논문에서 가까이 읽기와 멀리서 읽기를 대립 관계로 제시하며 도발했다. 심지어 거리가 '지식의 조건'이라고까지 주장했다.[15] 본 장의 뒷부분에서 논할 이 결론에는 많은 근거가 있다. 동시에 가까움과 멂이라는 대립 개념 자체가 변하기 때문에, 디지털 역사가와 무관한 주장도 많다. 이 이분법을 해결하고 이원론적 설정을 넘어서려는 출판물도 많이 나와 있다.[16]

멀리서 읽기 개념은 오늘날 디지털 인문학 연구에서 자주 사용되고, 기본 자료에 텍스트가 대량으로 포함된 경우에 디지털 역사와 관련이 있다. 이는 문화 연구에서 이뤄진 한층 더 해석적인 접근의 시대 이후에 통계 분석과 정량적 방법이 귀환했음을 의미한다. 멀리서 읽기가 그저 '수백이나 수천 권의 책'을 분석하는 방법이라든가, 심지어 가까이 읽기보다 더 '객관적인' 것으로 제시되는 경우가 종종 있다.[17] 그러나 모레티를 해석할 때 반드시 고려해야 할 측면이 몇 가지 있다.

첫째, 모레티의 접근 방식은 다양한 읽기 방법에 대해 항상 수많은 논의가 있었던 문학 연구에서 비롯되었다는 점이다. 이미 지적했듯이, 관행으로서의 가까이 읽기는 원래 문학작품의 전기적 해석에 반대하여 제기되었다. 텍스트의 내부 구조를 분석하고, 단어와 구문의 수준을 탐구하는 것이 중요하다는 것이다. 문학 연구에서는 읽기를 위한 다른 많은 표어가 강조되었다. 정신분석과 마르크스주의로 촉발된 증상적 읽기symptomatic reading 개념은 텍스트의 진정한 의미는 말하지 않은 것에 놓여 있다는 가정에 기반한다. 이는 독자가 표면을 넘어 숨겨진 의미를 찾으려고 노력해야 한다는 것을 의미한다. 반대로, 표면 읽기surface reading는 텍스트의 액면가를 진지하게 받아들이고 "증상적 읽기로 보이지 않게 된" "문학적 표면의 복잡성"을 분석하기 위해 도입되었다.[18]

확실히 모레티는 디지털 방법을 활용한 수많은 텍스트 연구를 강조한다. 그러나 그의 생각을 역사 연구에 적용할 때, 우리는 그의 멀리서 읽기 공식화가 적어도 《신좌파 비평》의 첫 번째 반복에서 문학적 정전canon을 표적으로 삼았다는 사실을 의식해야 한다. 그의 출발점은 세계문학에 대한 기존의 이해에 도전하는 것이었다.

세계문학을 공부한다는 것은 무엇을 의미하는가? 우리는 지금 어떻게 하고 있는가? 나는 1790년에서 1930년 사이에 서유럽적 서사에 대해 작업하고 있지만, 영국과 프랑스 밖에서는 벌써 사기꾼처럼 느껴질 텐데, 세계문학이라고?

물론 많은 사람이 나보다 더 많이, 더 잘 읽었지만, 여전히 우리는 여기서 수백 개의 언어와 문학에 관해 이야기하고 있다. '더 많이' 읽는 것은 거의 해결책이 아닌 것처럼 보인다. 특히 우리는 마거릿 코헨이 "방대한 비독great unread"이라고 부르는 것을 이제 막 재발견하기 시작했다. "나는 서유럽적 서사 등등…에 대해 작업하고 있다." 이 말뜻은 나는 고작 출판된 문헌의 1퍼센트도 안 되는 표준 부분에 대해 작업하고 있다는 것이다. 다시 말해, 어떤 사람들은 더 많이 읽었겠지만, 요점은 3만 권의 19세기 영국소설이 이미 나와 있고, 4만, 5

만, 6만 권이 될 수도 있다. 정말이지 아무도 모르고, 아무도 그걸 읽지 않았으며, 아무도 그걸 읽지 않을 것이다.[19]

모레티는 마거릿 코헨의 "방대한 비독" 개념에 영감을 받은 것이 분명하다. 이는 코헨이 1999년에 쓴《소설의 감정교육》에서 드러난다. 코헨은 이 용어로 사용할 수 없게 되었거나 완전히 잊힌 방대한 텍스트 분량을 언급했다.[20] 이것은 연구 과제가 되었다. 이 잊힌 책들이 실제로 무엇을 다루었는지 어떻게 알 수 있는가? 그 책들은 무엇을 논의했는가? 그 책들이 당대에 인기가 있었던 이유는 무엇인가? 한 연구자가 이러한 '읽지 않은' 책의 방대한 컬렉션의 작은 일부만 작업했다. 이 관찰은 사실상 이미 문학을 연구할 새로운 방법론을 찾으려는 주장이었다.

모레티의 목표는 괴테와 마르크스의 정신을 이어받되,[21] 현대적인 방법으로 세계문학 개념을 옹호하는 것이었다. 그가 주장했듯이, 세계문학에 대한 이해가 생길 정도로 많은 텍스트를 가까이closely 분석하는 것은 불가능하므로 가까이 읽기는 "필연적으로 극히 적은 정전에 의존"할 수밖에 없다. 따라서 새로운 방법이 필요하며, 연구자는 "읽지 않는 법을 배워야" 한다. 더 나아가, 모레티는 "미국은 가까이 읽기의 나라이기 때문에, 이 아이디어가 특별히 인기가 있을 거라고는 기대하지 않는다"고 통렬히 지적한다.[22]

모레티의 도발은 특히 한 명의 작가나 작품을 분석하여 현존의 정전을 강화한 문학 연구자들을 겨냥한 것이 분명하다. 연구자의 선택은 공평하지 않았지만, 문학의 개념을 구성하는 데에 참여했다. 다른 인문학 분야에 모레티의 멀리서 읽기 발상을 적용할 때 이 점에 유의하는 것이 중요하다. 더욱이 모레티의 문학 연구 재현 방식이 그가 속한 분야에 존재하는 다양한 접근 방식과 추세를 정의하고 있다고 당연시해서도 안 된다. 역사 연구에서는 연구자와 텍스트 및 텍스트성과의 관계가 모레티의 이미지와 사뭇 다르다. 역사가들은 몇몇 소수의 텍스트에만 집중하지 않고 가능한 한 많은 자료를 조사에 통합하려는 경향이 있기 때문이다.

놀랍게도, 모레티는 역사가들에 대해서도 언급한다. 그는 마르크 블로크의 슬로건인 "종합의 하루를 위한 수년간의 분석"을 인용한다.[23] 그리고 페르낭 브로델과 이매뉴얼 월러스틴의 가장 중요한 접근 방식을 언급한다. 예를 들어, 월러스틴 저작의 종합 부분이 결과적으로 매우 응축되어 있다고 지적한다. 모레티는 자신의 '수년간의 분석'을 '한 쪽의 3분의 1'에 구체화했다.[24] 여기서 모레티의 목표가 드러나는데, 그는 방대한 양의 데이터를 기반으로 추상화를 제작하는 새로운 방법을 찾으려는 노력을 옹호한다. 그에게 시각화는 계산 방법을 통해 이루어지는 그러한 관찰을 종합하는 수단으로 사용된다. 그가 《그래프, 지도, 나무: 문학사를 위한 추상 모델》에서 더

발전시킨 것이 바로 이것이다.[25]

멀리서 읽기는 거리 개념을 강조한다. 이 말은 연구자가 텍스트에 너무 가까워서는 안 된다는 뜻이다. "프로젝트가 야심적일수록 거리는 더 멀어져야 한다."[26] 역사 연구의 맥락에서 이러한 견해는 확실히 논쟁의 여지가 있다. 현재 연구에 사용할 수 있는 빅데이터를 활용하고, 이 자료를 멀리서 관찰하는 새로운 방법을 모색하는 것은 필수적이다. 그러나 동시에 개별 텍스트를 가깝게 대면하기 위해 멀리서 되돌아오는 일과, 큰 그림이 디테일에 대한 우리의 견해를 어떻게 바꾸는지를 고려하는 일은 똑같이 중요하다. 그래서 모레티 이후 많은 연구자들은 먼 거리와 가까운 거리 간의 지속적인 움직임을 강조했다.[27]

스콧 와인가트는 다음과 같이 거리두기의 교훈적 측면을 지적한 바 있다. "줌을 아주 많이 축소하고 보면, 모든 것이 같아 보인다." 따라서 인문학 연구자들은 "가까이 읽기 시각을 멀리서 보기로 가져와야" 할 필요가 있다.[28]

프레데릭 클래베르는 역사가들이 "이중 읽기une double lecture를 수행할 수 있어야" 하고, 아카이브에서 작업하고 몸소 읽기를 통해 자료와 긴밀한 관계를 유지할 수 있어야 한다고 제안했다. 동시에 모든 것을 멀리서 바라볼 수 있어야 한다고 했다.[29]

때로는 멀리서 읽기와 거리를 두는 게 필요하다. 이를 통해 가까이 읽기에 대한 새로운 통찰이 생길 수 있다. 그 반대의 경우도 마찬가지다. 디지털 역사의 선구자 중 한 명이자 런던 중앙형사법원의 저장소인 올드베일리온라인Old Bailey Online(1674~1913)의 개발자인 팀 히치콕은 거시적 수준과 미시적 수준 사이에서의 저울질, 그리고 "컴퓨터 지원 가까이 읽기"의 잠재력을 강조했다.[30]

멀리서 읽기에서 '먼'이라는 단어는 두 가지 의미가 있다. 우선, 세부 사항을 탐구하지 않고 자료의 텍스트 표면에서 멀리 떨어져 있으려는 노력을 말한다. 또한, 연구 자료가 너무 방대하여 멀리서 바라볼 수밖에 없음을 암시한다. 빅데이터는 가까이 읽기가 불가능해서 먼 접근이 요구된다. 가령, 디지털화된 된 수억 권의 책을 생각해 보라. 사람이 그 책을 모두 읽는 것은 불가능하다. 가까이 읽기만 학문적이라고 간주한다면, 그 책들은 아마도 "방대한 비독"으로 남게 될 것이다. 이러한 경우에는 인간 대신 기계를 읽기 주체readers로 활용해야 한다. 기계가 빅데이터 형식을 읽을 수 있다면, 컴퓨터 계산 방법으로 구성할 수도 있다. 그런데 이게 과연 읽기일까?

만약 우리가 읽는 것과 이전에 수용된 것을 지속적으로 비교할 수 있고, 읽은 것이 미래에 어떻게 발전될지 추측할 수 있는 인간 의식의 필요를 읽기라고 규정한다면, 기계는 이러한 읽기 행위를 처리할 수 없을지 모른다. 그러나 인공지능이 향상되면, 새로 식별된 모든 문자와 단어 및 문장을 텍스트의 이전 표현과 비교하고 하나의 텍스트 내에서뿐만 아니라 수천이나 수만 개의 이전 텍스트의 맥락에서 비교하는 일이 가능해질 것이다.

빅데이터의 도전

디지털 역사가에게 멀리서 읽기는 특히 용량이 큰 데이터 세트, 텍스트 집적체corpora를 평가할 때 문제가 된다. 소량의 텍스트나 단일 텍스트를 읽고 해석하는 것도 중요하지만, 빅데이터에 대한 더 넓은 논의가 필요하다. 디지털 역사는 방대한 정보 집적체 없이는 발전할 수 없었다. 빅데이터 담론은 1960~70년대 전자 미디어 및 전산화의 확장과 함께 시작되었다. 《옥스퍼드 영어대사전》은 이 개념을 "일반적으로 조작 및 관리가 심각한 물류 문제를 초래할 정도로 매우 큰 크기의 데이터; (또한) 그러한 데이터를 포함하는 전산 분야"라고 정의한다.[31]

홍미롭게도,《옥스퍼드 영어대사전》은 1980년경 컴퓨터의 지원을 받는 역사학에 회의론을 드러낸 역사가의 초기 논평을 인용하고 있다.[32] 이 논평은 1980년 10월 미시간대학교의 저명한 정치학자이자 역사가인 찰스 틸리가 발표한 논문 〈오래된 새로운 사회사와 새로운 오래된 사회사〉에 나온다. 이러한 언급은 역사가들이 예나 지금이나 많은 양의 데이터 수집에 관심이 있었음을 보여 준다. 틸리는 특히 사회사 분석에 컴퓨터를 사용한 로버트 포겔과 스탠리 앵거먼의 작업에 초점을 맞춘 영국 동료 로렌스 스톤의 계량경제사 비판을 길게 인용한다.[33] 스톤에 따르면, 계량경제사는 "조수 팀이 방대한 양의 데이터를 조합하고, 전자 컴퓨터를 사용하여 모든 데이터를 처리하고, 그렇게 얻은 결과에 정교한 수학적 절차를 적용하는 데에 전문화되어 있(었)다."[34]

틸리는 "코딩을 하면 중요한 세부 사항을 잃는다"고 주장한다. "수학적 결과는 계량경제사가 설득해야 하는 역사가들로서는 이해할 수 없"는 심각한 문제가 있었다. 더욱이 "컴퓨터 테이프에 증거를 저장하면 다른 역사가들이 결론을 검증하는 데에 방해가 된다."[35] 틸리는 계속해서 "큰 질문 중 어느 것도 실제로 빅데이터 쪽 사람들의 허풍에 굴복하지 않았다." 그는 스톤의 말을 빌려 결론을 맺는다. "일반적으로 정교한 방법론은 데이터의 신뢰성을 초월하는 반면, 결과의 유용성은 (어느 지점에서는) 방법론의 수학적 복잡성과 데이터 수집의 웅장한 규모와 반비례하는 것처럼 보인다."[36]

《옥스퍼드 영어대사전》의 내용은 1970년대 후반과 1980년대 초반 '빅데이터'에 대해 품었던 양가적 비전을 묘사하고 있다. 포겔과 앵거먼의 작업 외에도, 당시에 다른 컴퓨터 지원 프로젝트가 있었음을 기억하는 것이 중요하다. 예를 들어, 영국에서는 에드워드 리글

리와 로저 스코필드가 수행한 16~19세기 영국 인구 역사에 관한 연구가 있었다.[37] 에스토니아에서는 농촌 인구에 대한 유한 카크의 여러 연구가 있었다.[38]

컴퓨터의 지원을 받는 역사학은 특히 사회사가들이 하는 연구의 특징이 되었다. 실제로《옥스퍼드 영어대사전》이 언급한 두 명의 유명한 사회사가들의 비평은 아직도 극복되지 못하고 있다. 오늘날까지도 디지털 역사의 범학제성에 대한 의구심은 여전히 남아 있다. 모든 것이 올바르게 처리되는지 어떻게 확인하는가? 자료 비판이 진지하게 받아들여졌는지 어떻게 확인하는가? 역사가와 컴퓨터 과학자 모두가 이해할 수 있고, 공통된 방식으로 결과를 제시하는 방법은 무엇인가? 그리고 결과를 검증할 가능성을 미래 세대에 어떻게 부여할 수 있는가?

틸리와 스톤의 비평 이후로 많은 일이 일어났다. 가령, 인터넷 서버나 개인 휴대전화에 대규모 데이터 흐름이 지속적으로 생성되고 축적되기 때문에 훨씬 더 많은 데이터를 이용할 수 있게 된 것은 물론이고, 데이터가 아카이브에만 한정되지도 않는다. 가트너〔미국의 IT 분야 리서치 기업〕의 IT 용어집에 따르면, "향상된 통찰력, 의사결정 및 프로세스 자동화를 가능하게 하는 비용효율적이고, 혁신적인 형태의 정보처리를 요구하는 대용량, 초고속 및(또는) 각종 다양한 정보 자산"이 있다.[39] 빅데이터는 모두의 관심사이다. 라잔 삭세나는 이를 "소셜미디어 텍스트, 휴대전화의 위치, 웹브라우징 및 검색엔진, 통화 기록, 무선주파수 식별, 지도, 교통 데이터 및 회사 내부 기록과 같은 다양한 기본 자료에서 수집한 자료를 구조화 및 비정형화한 데이터"라고 설명한다.[40] 물론 이 목록에는 최근 수십 년 동안 디지털화된 모든 역사적 기록이 포함된다.

사실 '빅데이터'라는 용어의 역사는 오래되었다. 빅데이터 자체를 활용하여 설명할 수도 있다. 2010년 구글랩은 욘 오웬트와 윌 브록먼이 개발한 구글 앤그램 뷰어Google Ngram Viewer를 출시하여 구글이 보유한 방대한 디지털화 도서 컬렉션을 검색할 수 있게 되었다. 출시 당시 구글 도서 컬렉션은 1500년부터 2008년 사이에 나온 미국 영어, 영국 영어, 프랑스어, 독일어, 스페인어, 러시아어, 중국어로 출판된 520만 권의 책을 확보했다. 전체 영어 집적체를 'big data' 문자열로 검색하면, 뷰어는 〈그림 1〉과 같은 결과를 제공한다.

이 곡선은 구글 도서 집적체에서 '빅데이터'라는 문구의 사용이 20세기 말에 빠르게 증가했음을 보여 준다.[41] 이 자료는 2008년이 마지막인데, 이때에도 '빅데이터'는 2000년 직후만큼은 아니어도 여전히 강력하게 남아 있다. 'big'이라는 단어가 한 문장의 마지막 단어이고 'data'가 다음 문장의 첫 번째 단어인 경우도 있고, 메타데이터가 잘못된 경우도 있기 때문에, 이러한 결과의 신뢰성은 일부 유보되어야 마땅하다. 예를 들어, 초판 연도 다음에 '빅데이터' 언급은 이후 판본

〈그림 1〉 '구글 엔그램 뷰어(Google Ngram Viewer)'의 '빅데이터' 검색 결과

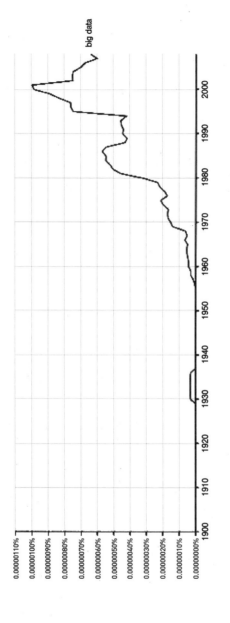

출처: Google Ngram Viewer, https://books.google.com/ngrams

에서 가져온 경우가 있다. 그렇다 하더라도 빅데이터 자체는 영문학에서 '빅데이터'라는 용어가 어떻게 진화했는지를 보여 준다.

빅데이터의 '거대함'에 대한 질문도 종종 제기된다. 《역사적 빅데이터 탐구: 역사가의 매크로스코프》에서 숀 그레이엄, 이안 밀리건, 스콧 와인가트는 '크다'는 개념이 실제로는 얼마나 상대적인 개념인지를 지적한다. 'Big'은 분야에 따라 그 크기와 비율이 다르다. 즉, "문학 연구자들에게 빅데이터는 100편의 소설("방대한 비독")을 의미할 수도 있고, 역사가들에게는 19세기 선적 명단의 전체 배열을 의미할 수도 있으며, 고고학자들에게는 여러 계절의 현장 조사와 발굴 및 연구로 생성된 모든 데이터를 의미할 수도 있다."[42]

모레티가 언급한 수천 권의 책에 비해 '방대한 비독'은 100권에 불과하다는 그레이엄 등의 논평에도 불구하고, 연구자들은 데이터의 크기에 양적 기준이나 제한이 없다는 점에 주목하는 게 옳다. 모든 것은 연구 설정과 질문 제기에 달려 있다. 실제로, 모든 것은 규율보다 질문에 더 의존한다. 예를 들어, 역사가의 관심은 선적 명단에 국한되지 않고 소설과 발굴 보고서까지 포함할 수 있다. 자료의 크기는 제각각 별도로 평가해야 한다. 더욱이 '작은 데이터'라는 용어는 모든 게 클 필요는 없으며, 디지털 방법을 모든 종류의 데이터에 적용할 수 있음을 강조할 때 사용된다.

이전 논의에서 알 수 있듯이, 빅데이터는 텍스트 자료에서 시각적 소스, 소셜미디어 콘텐츠에서 위치 정보에 이르기까지 모든 종류의 데이터가 될 수 있다. 가장 일반적으로, 연구자들이 현재 디지털 인문학과 디지털 역사에 사용하는 빅데이터는 디지털화된 텍스트이거나 방대한 본디지털 텍스트 컬렉션이다. 이러한 경향이 너무 강하고 뿌리가 깊어서 현장에서는 시각적 소스를 더 진지하게 받아들여야 한다는, 과도한 텍스트 중심의 접근 방식과 주장에 대한 비판이 커지고 있다. 최근 멜빈 웨버스와 토머스 스미츠는 "어떠한 모양과 형식이든지, 텍스트 분석이 이 분야를 지배하게 되었다"고 비평했다. 그들의 결론에 따르면, "이러한 강조는 디지털화된 텍스트를 연구할 수 있는 기술의 가용성에서 비롯된다. 광학문자인식, 즉 OCR을 통해 연구자들은 키워드를 사용하여 디지털화된 텍스트를 검색하고 분석할 수 있다."[43] 텍스트 중심의 연구 관행에 문제를 제기한 것인데, 텍스트 자료는 모든 인문학 연구의 중심이 되어 왔고, 앞으로도 그럴 것이 분명하다.

역사 연구 텍스트

역사 연구에는 수기 원고와 인쇄된 텍스트를 모두 포함하는 과거의 텍스트 유물을 분석하는 오랜 전통이 있다. 독일의 레오폴트 폰 랑

케 같은 역사가로 대표되는 19세기 학술적 역사 연구가 시작되었을 때부터 문헌자료는 매우 높게 평가되었는데, 여기에는 텍스트뿐만 아니라 문서보관소의 자료도 포함되었다.[44] 이들의 견해에 따르면, 기록된 자료를 사용할 수 없다면 역사학은 존재하지 않았을 것이다. 프랑스 역사가 샤를 빅토르 랑그루아와 샤를 세뇨보는 1898년 프랑스어로 집필하여 1904년 영어로 번역 출간된 《역사학 연구 서설》에서 이러한 원칙을 표명한 것으로 유명하다. "문서 없이는 역사도 없다."[45]

사실, 학문의 역사 초창기에 역사 개념에 영향을 미친 텍스트성의 서열 같은 것이 형성되었다. 문서보관소에 보관된 공문서는 개인 서신보다 순위가 높았으며, 수기본은 인쇄된 대중 출판물보다 높이 평가되었다. 그런 의미에서 텍스트성은 결코 하나의 장르로 간주되지 않고, 다양한 문화 생산물 중에서 가장 중요한 범주로 여겨졌다. 역사가들은 텍스트를 향한 열정적 헌신에 사로잡혀 사료 비평과 해석학적 해석 기술을 자체 개발했다. 그러나 19세기 말과 20세기 초가 되자, 역사가들이 서면과 인쇄 자료에 지나치게 의존하고 과거의 다른 흔적을 인정하지 않는다는 비판을 받게 되었다. 네덜란드 역사가 요한 하위징아 같은 선구자들은 1919년 반에이크 형제의 수수께끼 같은 그림을 더 잘 이해하고자 쓴 《중세의 가을》에서 시각적 자료를 강조했다.[46]

확실히 중세는 시각적 자료 없이는 거의 이해할 수 없다. 예를 들어, 1920년대부터 프랑스 아날학파 역사가들은 모든 종류의 문화 생산물, 곧 서면 및 시각적 자료뿐만 아니라 구전 전통, 유물, 건물, 통계 및 시청각 자료까지도 역사 사료가 될 수 있다고 제시했다.[47] 이러한 관점에서 볼 때, 디지털 인문학에서 벌이는 논의가 100년 전의 논의와 유사해 보일 때가 더러 있다. 텍스트, 특히 인쇄된 텍스트는 쉽게 접근할 수 있고 연구에 활용할 성공적인 방법론도 이미 있기 때문이다. 그러나 이런 인상은 당연히 일부만 사실이다. 과거와 오늘날은 맥락이 다르기 때문이다. 오늘날 빅데이터 텍스트를 강조하는 이유 중 하나는, 역사언어학에 디지털 집적체를 연구하는 오랜 전통이 있다는 사실이다. 즉, 이 분야의 연구자들은 역사가와 다른 인문학 연구자들이 디지털 집적체를 발견하기 훨씬 전부터 그렇게 하고 있었다.

오늘날에도 인쇄된 텍스트 자료가 집중적으로 사용된다. 앞 장에서 논의한 종류의 대규모 디지털화 프로젝트가 학문 탐구의 풍부한 토대를 제공하는 수준을 넘어, 디지털 집적체 간의 연결 가능성을 제공하는 지점에 도달했기 때문이다. 많은 텍스트 컬렉션이 국립도서관이나 민간 주도로 만들어졌다. 그에 따라 초국가적 또는 초지역적 연구는 상당한 준비 작업이 완료된 다음에야 더 큰 단위의 연구를 설정할 수 있다.

아마도 신문은 오늘날의 역사가들에게 가장 일반적인 형태의 디지털화 자료일 것이다. 19세기 초부터 신문은 앞선 형태의 빅데이터였다고 할 수 있다. 1830년대 이래로 성능이 좋아진 고속인쇄기는 하루에 수만 부의 신문을 저렴하게 인쇄할 수 있게 되었다. 영국의 정치가이자 저술가인 에드워드 리튼 경은 신문을 가리켜 "문명의 연대기, 모든 시내가 생수를 쏟아 내고 모든 사람이 와서 마실 수 있는 공동 서수지"라고 했다.[48] 물론 17세기부터 신문 출판이 있었고, 초창기 신문은 디지털 역사가들에게도 중요하다. 그러나 19세기 초반부터 나온 정기간행물은 전 세계적인 네트워크를 형성했다. 이 때문에 당시의 정기간행물들은 대륙의 경계를 초월하는 대규모 분석의 토대를 제공한다.

지난 15~20년 사이에 각국의 국립도서관들은 신문 컬렉션을 디지털화하는 데에 주력했다. 오스트레일리아, 핀란드, 독일, 멕시코, 뉴질랜드, 네덜란드, 영국, 미국의 디지털화된 신문을 모두 합하면 총 1억 면수가 넘는다. 단 한 번의 검색으로 이 모든 컬렉션을 조회할 수 있는 검색엔진은 없다. 연구자들은 각 저장소에 개별적으로 문의해야 한다.

연구자들이 전 세계를 탐색하고 관련 컬렉션을 찾는 데에 도움이 될 만한 역사 신문 아카이브 목록은 많다. 가장 포괄적인 목록 중 하나는 위키피디아에서 찾을 수 있는데, 아르헨티나 · 브라질 · 캐나다·적도기니·아이슬란드·일본·러시아·슬로베니아 같은 국가의 디지털화 컬렉션을 포함한다.[49] 당연히, 이러한 컬렉션에는 접근성과 검색 옵션에 변수가 많다. 재팬타임스 디지털아카이브[50]와 프랑크푸르터 알게마이네차이퉁[51] 같은 일부 컬렉션은 유료지만, 그리스 국립도서관의 디지털 신문 아카이브[52]와 스페인 국립도서관의 헤메로테카 디지털 같은 일부 컬렉션은 모든 방문객에게 무료로 제공된다.[53]

또 다른 문제는 검색 가능성이다. 일부 프로젝트는 검색 가능성이 우선순위가 아닌 상황에서 착수된 것으로 보인다. 도서관에 접근할 수 없는 독자들을 위해 출판물을 온라인으로 제공하는 것이 기본 구상이었다. 예를 들어, 스페인령 기니〔적도기니가 스페인의 지배를 받던 시기 1788~1968년〕 신문은 1903년부터 1969년까지의 기사를 PDF로 온라인 검색할 수 있다.[54] 각 이슈별로 이미지로만 저장된 별도의 파일로 되어 있어, 텍스트 광학 인식이 필요한 검색 작업은 지원되지 않는다. 이 사료는 적도아프리카의 학자들에게는 가치가 있다. 그러나 이 디지털 자료를 사용하려면 먼저 모든 PDF를 내려받고, OCR 소프트웨어로 텍스트를 추출하는 등 여러 형태의 사전 작업을 수행해야 한다.

앤드류 프레스콧은 많은 디지털화 프로젝트의 원래 목표가 검색 가능한 텍스트의 생성이 아니었다고 지적했는데, 이는 오늘날 많이 이용되는 컬렉션들에도 적용된다.[55] 프레스콧은 잘 알려진 영국 신문 자료인 버니 컬렉션Burney Collection을 언급했다. 이 프로젝트는 1992년 대영도서관이 마이크로필름 디지타이저digitizer를 구매한 뒤에 시작되었다. "그것은 도서관이 마이크로필름 원본의 사본을 이용하는 방식을 개선하기 위한 실험적인 프로젝트였다. 디지털 이미지가 마이크로필름을 대체할 것이라는 가정은 없었다. 테스트 결과, 적정 조건에서 마이크로필름의 보존 기간이 1천 년에 이르렀기 때문에 마이크로필름이 한층 더 안정적인 보존 매체라고 보았다."[56] 오늘날 버니 컬렉션은 게일 센게이지〔디지털 학습 리소스 제공 업체〕가 제공하는 검색 서비스이지만, 1990년대에 이 프로젝트가 시작될 때까지만 해도 미래에 기술이 어떻게 발전할지, 무엇이 보존을 위한 최고의 선택일지 분명하지 않았다.

1990년대에는 덴마크, 핀란드, 노르웨이, 스웨덴의 파트너를 포함하는 TIDEN이라는 스칸디나비아 프로젝트도 있었다. 이는 핀란드 국립도서관의 디지털 컬렉션 사업의 신호탄이었다. 이미 1990년에 헬싱키대학 도서관은 핀란드 신문과 저널의 포괄적인 마이크로필름 컬렉션 사업을 구상하고, 동부의 작은 마을 미켈리에 마이크로필름 보존 센터를 설립했다. 이내 디지털화가 연구 인프라 개발에 훨씬 더 유익하다는 것이 분명해졌다. TIDEN 프로젝트는 이전에 제작된 마이크로필름을 기반으로 디지털화 문제의 탐구와 실질적인 디지털 사본 제작에 집중할 토대를 마련했다.[57] 현재 핀란드의 디지털화 신문 컬렉션 역시 다른 나라들의 컬렉션과 마찬가지로 대부분 마이크로필름에 기반하고 있는 셈이다. 이 필름을 다시 스캔하는 것은 힘들고 비용이 많이 든다. 검색 가능성 문제는 여러 문제 중 하나일 뿐이다.

또 다른 문제는 디지털화 자체의 품질 문제이다. 처음에는 품질이 다소 좋지 않은 것은 문제가 되지 않았다. 이전에 마이크로필름을 돌려 봐야 했던 사용자들이 더 쉽게 접근할 수 있게 하는 것이 유일한 목표였기 때문이다. 곧 검색 기능이 발전된 모습으로 등장했지만, 스캔 품질로 작업이 제한되었다. 이는 사료 비판의 중요성과 함께, 빅데이터 컬렉션의 형성이 사료 이용 조건에 어떠한 영향을 미치는지 고려해야 할 필요성을 상기시킨다.

디지털화 텍스트 컬렉션의 검색 인터페이스는 OCR을 기반으로 한다. 스캔한 이미지에서 텍스트를 캡처하는 방법은 19세기 후반부터 개발되었지만, 1970년대에 이르러서야 실용적인 연구 도구가 되었다.[58] 가장 성공적인 OCR 프로그램 중 하나는 1993년에 출시된 'ABBYY 파인리더FineReader'이다. 이 소프트웨어의 최신 버전은 192개의 언어를 인식할 수 있다.[59] 그야말로 어마어마한 발전이다. 그러나 역사 연구에서 OCR은 여전히 까다로운 부분이다. 과거로 거슬러 올라갈수록 글꼴 모양의 불안정성, 원본 인쇄 재료의 차이, 사료의 다층 스캔 이력으로 인해 문자 인식이 더 어려워진다. 많은 자료가 마이크로필름에서 디지털화되었다는 점을 고려해야 한다. 팀 히치콕은 OCR이 "근대 초기의 출판물, 19세기의 저렴하고 평범한 인쇄물이나 표, 목록 및 광고를 포함한 복잡한 모양새에 적용되면 신뢰할 만한 결과를 내지 못한다"[60]고 지적했다.

더욱이 옛날 재료가 현대 재료보다 당연히 품질이 떨어진다는 점에서 볼 때, 품질은 역사적으로 변하는 게 아닌 셈이다. 예를 들어, 19세기 후반에는 종종 쪽당 6개, 7개, 심지어 8개의 열이 있었다. 비록 용지 크기는 커졌지만 글꼴 크기는 계속 줄어들어, OCR 프로그램이 텍스트를 올바르게 인식하기가 어렵다. 조판도 문제이다. 현재의 소프트웨어는 20세기 이전에 유행한 오래된 고딕 조판보다 현대 글꼴을 더 쉽게 인식하기 때문이다. 물론 오래된 사료와 비유럽 자료의 인식률을 높이려는 노력은 지금도 계속되고 있고, 곧 새로운 솔루션이 OCR 도구상자에 포함된다고 한다. 텍사스 A&M대학의 근대 초기 OCR 프로젝트 'eMOP'은, 근대 초기 인쇄물에 대한 OCR의 정확성을 향상하기 위해 오픈소스 OCR 소프트웨어와 책의 역사를 결합하는 상상력을 발휘한 탁월한 사례라 할 만하다.[61]

이 모든 것은 디지털화된 텍스트 저장소에 수많은 디지털 노이즈 digital noise와 잘못 읽은 문자 및 OCR 오류가 포함되어 있고, 인터페이스 검색으로 모든 관련 정보를 찾을 수 없는 문제를 초래한다는 것을 의미한다.[62] 현재 온라인에서 이용 가능한 싱가포르 연대기와 상업등기부Singapore Chronicle and Commercial Register 사례를 보면 알 수 있다.[63] 싱가포르 국립도서관 웹사이트에 들어가면 신문의 시각적 콘텐츠를 기사별로 검색해 볼 수 있다. 1827년 2월 15일, 싱가포르 연대기와 상업등기부는 싱가포르의 상업적 중요성에 대한 뉴스 항목을 게시했다. 이 텍스트는 1826년 11월 24일자 인도 캘커타판 신문 〈존 불John Bull〉에서 복사되었으며, 출처는 시작과 끝에 언급되어 있다. 텍스트는 〈그림 2〉와 같이 시작한다.

사람은 〈그림 2〉의 텍스트를 쉽게 읽을 수 있다. 그러나 이 클립에 해당하는 OCR 텍스트는 다음과 같이 실행된다.

〈존 불〉 원문 첫 단락의 네 줄은 OCR 소프트웨어에서 부분적으로만 인식된다. 첫 단락의 세 줄 전체와 네 번째 줄의 'exploding'

〈그림 2〉 1827년 2월 15일자 '싱가포르 연대기와 상업등기부'. Microform Imaging Ltd가 제공한 마이크로필름에서 나온 디지털 자료.

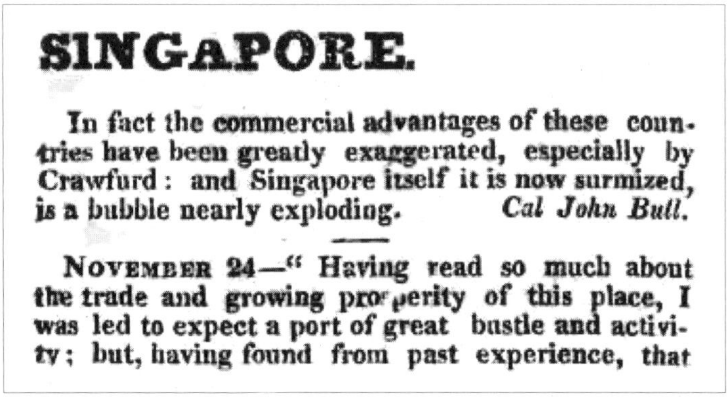

SINGAPORE.

In fact the commercial advantages of these countries have been greatly exaggerated, especially by Crawfurd: and Singapore itself it is now surmized, is a bubble nearly exploding. *Cal John Bull.*

NOVEMBER 24—" Having read so much about the trade and growing prosperity of this place, I was led to expect a port of great bustle and activity; but, having found from past experience, that

출처: Microform Imaging.

이라는 단어는 완전히 빠져 있다. 신문 원본에 이미 'Crawford' 대신 'Crawfurd' 같은 철자 오류가 있었다. 그러나 OCR 소프트웨어는 'Having' 대신에 'Hiving', 'prosperity' 대신에 'prospenty' 같은 더 많은 오류를 생성했다. 상표를 의미하는 위첨자 TM과 같이, 심지어 19세기 텍스트에는 아예 없는 문자도 있다. 그리고 'P^&#39' 같은 현대어 모델에 전혀 어울리지 않는 문자 배열도 보인다.

역사적 텍스드에 대한 이러한 알고리즘 해서은 디지털화된 신문의 모든 이용자에게 익숙하다. 이러한 종류의 깨진 조각은 모든 신문 저장소에서 발견된다. 사료 비판적 관점에서 볼 때, 이러한 저장소를 찾는 사람들은 검색어가 모두 실제 신문이 아니라 OCR 텍스트임을 고려해야 한다. 만약 싱가포르 연대기 및 상업등기부에서 'Singapore itself it is now surmised'라는 문구를 검색한다면, OCR 소프트웨어가 해당 줄을 완전히 무시해 버렸기 때문에 이러한 언급을 전혀 발견할 수 없을 것이다. 검색엔진은 OCR 텍스트가 원본 텍스트에 어느 정도 가까운 경우에만 검색할 수 있다. 이와 동일한 문제는 모든 신문 아카이브에서 발견된다.

그렇다면 OCR 텍스트와 스캔 이미지를 비교 검색할 수는 없을까? 텍스트를 전혀 제공하지 않고 스캔한 이미지만 보여 주는 컬렉션도 있다. 마찬가지로 이미지 위주이지만 지정한 OCR 텍스트를 제공하는 서비스도 있다. 이러한 측면에서 가장 깔끔한 사이트는 오스트레일리아 국립도서관의 신문 컬렉션 'Trove'로, OCR 텍스트와 이미지를 별도의 창에서 열 수 있다.[64]

존 알브링크와 펠레 스닉커스는 "디지털화된 데이터(신문 파일)를 생성·저장·처리·포맷하는 방식은 디지털 신문이라는 역사적 기록물에 접근하고 이용하는 방법과, 탐구할 수 있는 역사 및 (다시) 말할 수 있는 이야기에 대해 당연히 여러 가지 함의를 갖는다"고 지적했다. 또, 디지털 노이즈가 이미 문화유산의 상당 부분을 차지하고 있으며, 컬렉션에는 역사적 기록물 외에 "OCR로 생성된 수백만 개의 잘못 해석된 단어"와 사실상 계산 도구로 재편집된 수백만 개의 텍스트가 포함되어 있음을 강조했다.[65]

라이언 코델도 '지저분한 OCR' 문제를 길게 논했다. 다만, 이것을 연구의 장애물로만 보지 말고 디지털화된 신문을 "연구자들이 교정한 역사적 텍스트와 최신 시대 양쪽에 독특한 통찰력을 제공하는 원본 텍스트의 새 판본"으로 간주하기를 조언한다.[66]

확실히 신문 저장소에는 신문을 생산한 역사적 과정의 층위가 포함된다. 이러한 컬렉션의 누적된 특성을 가능한 한 최고의 방법으로 구현하여, 이용자들에게 디지털 사료의 수기 및 알고리즘의 편집 기록에 대한 통찰력을 제공하는 것이 신문 저장소의 과제이다. 최근 들어 스위스 국립과학재단이 자금을 지원하는 과거의 미디어 모니터링: 200년의 역사 신문 채굴 프로젝트,[67] 유럽 연합의 Horizon

2020 연구 혁신 프로그램이 지원하는 **NewsEye: 역사 신문을 위한 디지털 조사자 프로젝트** 등 신문 저장소 개발에 집중한 프로젝트가 많다.[68] 그러나 몇 년 동안만 지원되는 경우가 많은 프로젝트 자금으로 개발된 도구와 지침을 장기적인 개선 과정에서 도서관과 기록 보관소에 큰 도움이 되도록 만들기는 쉽지 않다.

신문 저장소(와 모든 디지털 텍스트 컬렉션)의 문제는, 각 저장소들이 나른 도서관이나 아카이브와 연계되지 않고 고립되어 있다는 점이다. 물론 각각의 컬렉션에 개별적으로 문의하면 되고, 이러한 작업에도 이점은 있다.[69] 그러나 다른 컬렉션과의 연결이 연구자들에게 초국가적 연관성을 탐구하고 지역적인 경계 너머를 보게 한다는 점에서 아쉬움이 남는다. 이와 관련해 유럽 각국의 저장소를 연결하는 초대형 기획이 있었다. 1618년부터 1996년까지 유럽 20개국의 모든 자료, 신문 섹션까지 포괄하는 디지털 자료를 한데 모으는 유로피아나Europeana 프로젝트이다.[70] 한때 자금 조달 문제가 있었지만, 자원을 한곳으로 모았을 때 생기는 이점은 분명하다. 과거에는 개별 신문에 수반되는 메타데이터가 국가마다 달라서 이용에 어려움이 있었다면, 유로피아나를 이용하면 키워드와 구문만으로 모든 데이터베이스를 검색할 수 있다.

각국의 자원을 한데 모으려는 노력의 또 다른 사례는, 라이언 코델이 주도한 해양 교류:역사 신문 저장소의 글로벌 정보네트워크 추적,

1840~1914 프로젝트이다. 이 프로젝트는 디지털화된 정기간행물을 조사하는 핀란드, 독일, 멕시코, 네덜란드, 영국, 미국의 6개국 출신 연구원들을 모아 국가적·언어적 경계를 초월한 정보 흐름 패턴을 조사했다.[71] 그리고 컬렉션의 역사와 메타데이터 품질에 대한 정보를 포함한 각 국가에 대한 데이터 설명을 생성해 냈다.[72] 이 프로젝트가 일군 또 하나의 성과는, 각 국가 및 기관의 메타데이터 구축망에 얼마나 많은 차이가 있는지 밝혀낸 것이다. 멜로디 빌스와 프로젝트 연구팀이 작성한 복잡한 다이어그램이 향후 이러한 데이터 컬렉션들을 연결할 길을 제공할지도 모른다.[73]

텍스트 아카이브에 대한 이러한 논의는 인터페이스를 통한 검색을 허용하는 저장소의 기본 기능만을 다루었다. 역사가에게는 검색 인터페이스의 사용이 필수적이지만, 추가적인 디지털 자료 분석을 위해서는 OCR 텍스트와 메타데이터를 포함하는 대용량 데이터data dump로, 간혹 METS 및 ALTO 형식과 같은 국제 XML 표준으로 데이터를 내려받을 수 있어야 한다.[74] 대용량 데이터에서 모든 파일은 한 위치에서 다른 위치로 쉽게 전송할 수 있도록 패키지로 압축된다. 패키지의 압축을 풀면, 일반적으로 신문의 볼륨 폴더와 이슈 폴더가 포함되어 있다. 이러한 패키지를 내려받아야만 고급 데이터마이닝 도구를 이용하고, 빅데이터의 이점을 실제로 활용할 수 있다.

대용량 데이터 이용이라는 측면에서 볼 때, 수백 기가바이트의 대규모 데이터 세트 외에 테스트 패키지까지 제공하는 룩셈부르크 국립도서관 사이트는 모범 사례라 할 만하다. 가장 작은 대용량은 250MB에 불과한데, 룩셈부르크 신문《디와스프라D'Wäschfra》의 1868년 중 5일간을 담고 있다. 이 대용량 파일을 내려받아 압축을 풀면, 매일 하나씩 5개의 폴더를 찾을 수 있다. 각각의 폴더에는 PDF 파일과 XML로 해당 날짜의 이슈가 담겨 있다. 4개의 추가 폴더에는, 이미지 폴더에는 모든 페이지가 고해상도 TIFF 이미지로, PDF 폴더에는 개별 페이지가 PDF로 담겨 있다. 텍스트 폴더는 각 페이지가 XML로 각각 담겨 있고, 축소판 그림 폴더는 모든 페이지의 작은 이미지를 JPG 파일로 제공한다.[75] 대용량 파일은 모든 이슈가 PDF나 XML 파일로 제공되고, 연구자의 관심사에 따라 별도의 페이지 파일로 옮길 수 있다.

소개한 텍스트 빅데이터 사례는 정기간행물인 신문에서 가져온 것이지만, 다른 텍스트 컬렉션도 많다. 그중 일부는 **프로젝트 구텐베르크**에서 제공하는 다국어 서가와 같이 1장에서 제시했다. 이러한 사례는 전 세계의 다른 온라인 전자책 컬렉션, 인터넷에서 수집한 본디지털 콘텐츠, 디지털화된 구전 역사 필사본 및 기타 여러 자료를 통해 보완될 수 있다. 미래에 이러한 개별 컬렉션을 결합하고 다른 텍스트 장르의 경계를 넘어서는 연구 논제를 제기하는 것은 흥미로운 과제가 될 것이다. 이 일은 아직 끝나지 않았다.

더욱이 텍스트 데이터의 문제는 오늘날 디지털화된 인쇄 자료나 본디지털 콘텐츠만을 언급하는 것이 아니다. 손으로 쓴 필기 자료도 디지털 역사가의 의제로 빠르게 떠오르고 있다. 필기 텍스트 인식HTR은 지난 몇 년 동안 빠르게 발전했고, 그 결과도 개선되고 있다. HTR이 인쇄된 자료의 OCR보다 더 정확한 결과를 제공하기도 한다. 현장에서 사용할 수 있는 프로그램도 여럿이다.

이와 관련해 가장 눈에 띄는 프로젝트 중 하나는, 오스트리아 인스부르크대학교가 주최하고 2016~2019년 'H2020 프로젝트 READ'의 일환으로 유럽위원회가 재원을 마련한 트랜스크리버스Transkribus이다. 트랜스크리버스는 사용자에게 일련의 역사 문서 샘플을 제공하여 프로그램을 학습할 수 있는 가능성을 제공한다. 52개 이상의 실습 자료가 지속적으로 제공되기 때문에 이러한 정보는 개발자가 소프트웨어를 향상시키는 데에 도움이 된다.[76] 암스테르담 시티 아카이브가 HTR 프로젝트에서 트랜스크리버스를 사용했더니 HTR의 오류율이 6퍼센트에 불과했다.[77]

멀리서 읽기의 기술

지금까지 살펴본 것처럼, 디지털 역사가가 사용할 수 있는 수많은 텍스트 집적체가 있다. 여기서 읽기의 문제로 다시 돌아가 보자. 읽기란 무엇을 의미하며, 연구자가 수백만 단어 이상을 채택해야 하는 경우에는 무엇이 수반되어야 하는가? 이런 경우에 해석은 어떻게 실현되는가?

읽기는 항상 해석을 포함했다. 이는 인간의 해석에 어긋나지 않는 멀리서 읽기에서도 마찬가지다. 오히려 멀리서 읽기는 읽기 과정을 여러 단계로 나눈다고 할 수 있다. 텍스트의 인식과 조직 및 구조 분석은 읽는 기계가 수행하고, 이러한 과정에 대한 해석은 읽는 인간, 즉 연구자가 수행하는 식이다. 물론 인간의 해석 과정에서 컴퓨터의 도움을 받거나 인공지능이 대신 수행할 수도 있다.

오늘날 디지털 인문학과 디지털 역사에서 활용하는 멀리서 읽기는 단일 읽기 방법이나 일관된 방법론의 집합을 의미하지 않는다. 최근 수십 년 동안 빅데이터를 구성하는 많은 솔루션이 개발되었다. 일부 솔루션은 역사가 더 오래되었기 때문에 멀리서 읽기 아이디어에 대한 응답으로 발명된 것이 아니다. 다만, 인문학 연구자들이 대규모 데이터 컬렉션 사용을 위해 이용한 도구 상자에서 이러한 솔루션이 차지하는 비중이 점점 더 커지는 것은 분명하다.

'토픽 모델링Topic modelling'은 일련의 문서가 있을 때 그 기본 구조를 연구하기 위해 사용하는 통계 방법이다.[78] 여기서 '토픽'이란 데이터에서 등장하는 경향이 있는 단어 집단을 가리킨다. 이러한 토픽을 모델링하는 것은 열린 결말의 개방형 프로세스로, 토픽의 양이 궁극적으로 연구자가 알고리즘을 심는 방법의 결과이기 때문이다.[79]

가장 일반적인 통계 모델은 2002년 데이비드 블레이 · 앤드류 응 · 마이클 어윈 조던이 공동개발한 '잠재 디리클레 할당LDA'이다.[80] '말렛Mallet'처럼 사용하기 쉬운 소프트웨어 프로그램도 토픽 모델링에 쓰인다.[81] 연구자가 더 많은 데이터를 다룰수록 토픽 모델링 도구는 한층 더 유용하게 쓰인다. 토픽 모델링 도구는 다량의 데이터를 조직하고, 같이 쓰이는 경향이 있는 단어를 찾고, 토픽을 식별한다. 토픽 모델링은 컴퓨터가 의미론적 의미를 해석하는 데에 도움이 될 만한 주석이 없고 구조화되지 않은 텍스트에 유용하다.

이때 토픽을 주제themes와 혼합하거나 두 가지를 동일시하지 않는 것이 중요하다. 예를 들어, 텍스트에는 가까이 읽기를 통해 관찰할 수 있는 고정된 숫자의 주제가 있을 수 있다. 그러나 토픽 모델링 알고리즘은 연구자가 프로그램에서 설정한 만큼의 토픽만을 찾아낸다. 개수가 너무 많으면 토픽이 분산되어 의미론적 해석이 어려워질 수 있다. 그래서 연구자는 어느 정도의 토픽을 설정해야 최상의 분석을 얻을 수 있을지 고심해야 한다.[82]

토픽 모델링을 역사 연구에 사용한 예는 많다. 2011년 체이양, 앤드류 토겟, 라다 미할차는 역사 신문을 데이터 세트로 사용하여 토픽 모델링을 실험했다. 1829년부터 2008년까지 텍사스에서 출간된,

그 자체로 이미 방대한 데이터 컬렉션인 23만 쪽 이상의 논문을 검토한 것이다. 그들은 토픽 모델링 테스트를 위해 자료를 4개의 하위 그룹으로 나누고, 분석 전에 데이터를 사전 처리했다. 가령 '중지 단어'를 식별하여 제거하게 하는 등의 과정을 거쳤다. 중지 단어는 대명사와 같이 일반적으로 빈번히 사용되는 단어로, 유용한 결과를 얻으려면 알고리즘을 실행하기 전에 최대한 제거해야 한다. 이런 과정을 거쳐 연구자들은 텍사스의 역사를 담은 거대한 분량의 데이터에서 역사적으로 의미 있는 토픽을 추출할 수 있었다. 그런데 OCR의 노이즈 문제에 직면했다.[83] OCR이 나쁘면 깨지거나 철자가 틀린 단어가 너무 많아 결과가 혼란스러워진다. 그럼에도 불구하고, 이 연구를 포함한 다수의 사례 연구들[84]은 데이터를 구성하고 의미론적 의미를 주입하는 데에 토픽 모델링 같은 통계 분석이 지닌 잠재력을 보여 주었다.

토픽 모델링은 멀리서 읽기의 한 가지 사례에 불과하다. 모레티는 시각적 기법visual techniques을 강조했다. 그의 표현을 따르자면, "그래프, 지도와 나무"이다. 그는 그래프를 가지고 역사소설 장르의 변화를 시각화하고, 지도를 가지고 소설의 지리적 측면을 설명하며, 나무를 가지고 다른 유형의 이야기가 어떻게 분류될 수 있는지를 보여 주려 했다.[85]

2015년 야니케 등은 디지털 인문학에서 멀리서 읽기와 가까이 읽기의 다양한 기술을 분류하고자 했다. 그 결과, '그래프, 지도와 나무' 외에도, 구조 개요, 히트 지도, 태그 클라우드 및 타임라인 등 멀리서 읽기의 색다른 범주를 식별해 냈다. 그 밖에도 가까이 읽기와 멀리서 읽기를 결합하는 전략, 곧 빅데이터 사용자가 결과를 해석하고자 작은 데이터 및 개별 문서로 회귀하는 방법을 식별하고자 했다.[86]

역사가들의 컴퓨터 프로그래밍 학습을 지원하는 웹사이트 **프로그램 만드는 역사가**The Programming Historian에는 멀리서 읽기가 아예 정규 커리큘럼으로 올라와 있다.[87] '초보자 친화적인' 이 사이트는 동료 역사가들의 심사를 통과한 영어·프랑스어·스페인어 자습서로 구성되어 있는데, 2020년 5월 현재 영어 사이트에는 통계 프로그램인 말렛 사용법 등 다양한 주제를 담은 82개의 수업이 업로드되어 있다. 기초적인 수업도 있지만, R언어〔통계 계산과 그래픽을 위한 프로그래밍 언어〕를 사용해 데이터를 차단 및 관리하거나 스타일 분석을 위해 파이썬Python〔프로그램을 설계하는 프로그래밍 언어〕을 사용하는 것 같은 고급 기술도 포함되어 있다. '멀리서 읽기'라는 주제 아래 11개의 자습서가 올라와 있는데, 멀리서 읽는 기술을 습득하는 데에 필요한 기초적 디지털 기술을 담고 있다. 데이터 랭글링Data Wrangling, 스타일 분석Stylometrics, 토픽 모델링 외에 AntConc 소프트웨어를 사용한 집적체 분석, 데이터를 저장하고 필터링하는 MySQL 데이터베이스 소개 등이 올라와 있다. 텍스트나 집적체 내에서 긍정이나 부

정의 정도를 정량화하는 방법으로 진행하는 감정 분석도 포함되어 있다.[88]

멀리서 읽기 전략을 보완할 수 있는 목록은 많다. 모레티는 특히 네트워크에 관심이 있어서, 셰익스피어 희곡 속 인물들의 네트워크를 시각화했다.[89] 프로그램 만드는 역사가 사이트 역시 네트워크를 혼자서 배울 수 있는 몇 가지 메뉴를 제공한다.[90] 숀 그레이엄·이안 밀리건·스콧 와인가트는 2016년 가이드북《역사적 빅데이터 탐구: 역사가의 매크로스코프》에서 다양한 멀리서 읽기 기술 외에 네트워크 분석을 소개했다.[91]

멀리서 읽기에서 가장 활발하게 논의되는 분야는 텍스트 재사용 text reuse 연구로, 정확한 인용과 의도적·비의도적 차용 및 의역을 포함한다.[92] 물론 반복되고 복사된 구절은 신학자와 역사가, 문학 및 기타 인문학 연구자들이 수세기 동안 수행해 온 가까이 읽기로 식별할 수 있다. 그러나 텍스트의 양이 많아질수록 디지털 방법이 유리하다. 오늘날에는 신문 면수 수백만 쪽의 대용량 데이터 같은 방대한 집적체를 분석하기도 하는데, 이때 멀리서 읽기는 집적체 내의 관계를 알고리즘적으로 인식하는 데에 도움이 된다. 이 결과를 가지고 반복되는 미디어 콘텐츠의 연쇄 고리를 가까이 읽기 할 수 있다. 알고리즘 솔루션은 OCR 오류 및 여러 형태의 노이즈에 대한 허용 오차를 사용하여 유사한 문자열을 감지하거나, 단어의 순서나 배열을 찾고 단어가 함께 등장하는 방식을 기반으로 할 수 있다.

최근 몇 년 동안 텍스트 재사용에 대한 몇 가지 흥미로운 프로젝트가 있었다. 링컨 뮬렌은 미국 신문에 사용된 성경 인용문을 분석했다.[93] 마르코 빌러·그레고리 크레인·마리아 모리츠·앨리슨 바베우는 고대 문헌에 호메로스의 인용문이 어떻게 나타나는지 연구했다.[94] 지식, 정보기술 및 아랍어 서적 프로젝트는 700~1500년 기간의 아랍어 텍스트 집적체에서 텍스트 재사용을 탐구했다.[95] 아마도 가장 야심 찬 기획은 라이언 코델과 데이비드 스미스가 이끄는 바이럴 텍스트 프로젝트Viral Texts project일 것이다. 이 프로젝트는 19세기 미국 언론의 텍스트 재사용 분석을 목표로 하고 있다.[96] 이 프로젝트는 전 세계적으로 확대되어 핀란드, 독일, 멕시코, 네덜란드, 영국 및 미국의 연구자를 모아 정보의 초국가적 및 대륙 횡단 흐름을 탐구하고 있다.[97]

복사 문화culture of copying는 역사적으로 큰 파급효과가 있다. 과거의 반복적인 특성을 흥미롭게 조명할 수 있다. 복사 문화는 멀리서만 볼 수 있다. 핀란드의 텍스트 재사용 프로젝트에서, 지역 신문 사업의 탄생부터 1920년까지 출판된 신문과 저널 총 510만 페이지를 채굴할 수 있었다. 분석 결과, 1,380만 개의 재사용 텍스트 클러스터가 발견되었다. 대부분의 콘텐츠 공유 사례는 1년 이내에 발생했지만, 200만 개 이상의 클러스터는 더 오래 지속되었다. 엄청나게 느린 반복 과정도 있었다는 게 놀라울 정도다. 가장 긴 재사용 사례는 프로젝트의 연구 대상 기간만큼 길었다.[98] 이 장기적인 관점은 컴퓨터 계산 방법의 이점을 보여 준다.

멀리서 읽기나 컴퓨터의 보조를 받는 가까이 읽기는 역사가가 어떤 방식으로든 새로운 기술에 참여해야 함을 의미한다. 프로그램 만드는 역사가 사이트와 최근의 안내서들은 유용한 방법론과 그 뒤에 필요한 계산 다이어그램 지식과 비결을 전파함으로써 이를 위한 길을 열었다.[99]

본 장에서 이미 지적했듯이, 디지털 인문학에서 텍스트 자료의 지배적인 역할은 디지털 역사에서와 마찬가지로 점점 더 큰 비판에 직면해 있다. 다음 장에서 시각 자료와 시청각 자료를 자세히 살펴보기에 앞서, 텍스트성과 시각성의 이분법이라는 가정은 오해의 소지가 있으며 너무 엄격하게 받아들여서는 안 된다는 점을 다시 한 번 상기해야 한다. 텍스트에도 이미지가 포함되어 있고, 반대의 경우도 마찬가지다. 오늘날 인터넷 텍스트에는 소리와 영상이 모두 포함되는 경우가 종종 있다. 더욱이 텍스트와 이미지 모두 과거의 물질적 유물로 간주할 수 있다. 텍스트는 문자의 추상적인 배열이 아니다. 브뤼노 라투르의 아이디어를 바탕으로 한다면, 텍스트는 항상 물질적인 대상, 돌이나 대리석, 종이나 하드디스크 드라이브에 새겨져 있다.[100]

텍스트는 여러 차원을 지닌 물질적 실체이다. 인쇄된 텍스트는, 가령 폴리오〔전지를 둘로 접어 4페이지로 하는 가장 큰 판형〕와 옥타보〔폴리오판을 8등분한 판형〕, 타블로이드〔신문지의 절반 크기 판형〕와 브로드 시트〔타블로이드의 2개 크기의 신문 판형〕로 나타난다. 텍스트를 빅데이터로 고려할 때에는 메타텍스트를 진지하게 고려해야 한다. 메타텍스트가 당면한 텍스트의 물질적 차원에 대한 접근권을 제공하기 때문이다. 최근 책의 역사 연구에서도 메타데이터가 성공적으로 활용되었다. 이 데이터를 통해 물질적인 공예품이었던 서책이 과거에 어떻게 유통되었는지 이해할 수 있었다.[101] 미래에는 이러한 물질적 파급효과가 정량화된 텍스트 데이터를 콘텐츠 연구와 더 밀착시켜 그것이 독자의 상상력에 미치는 영향을 연구하게 될지도 모른다.

3장

역사의 지도화와 시각화

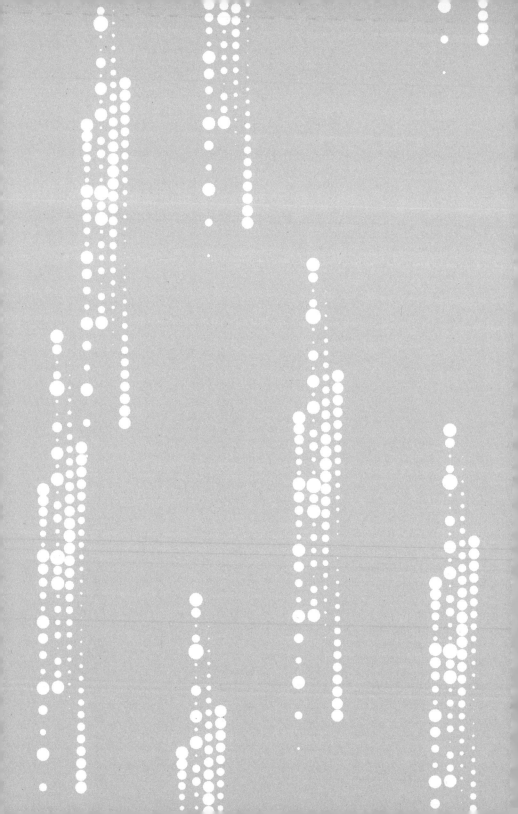

디지털 역사의 초기 단계인 1990년대에는 이전 장에서 논의한 텍스트 자료보다 특히 지도가 관심을 받았다. 텍스트 자료의 대규모 디지털화 프로젝트는 최근에야 비로소 시작되었기 때문이다.

1993년 버지니아대학교에서 윌리엄 토머스와 에드워드 아이어스는 미국 남북전쟁 당시 남부군과 북부군 병사들의 경험을 모은 그림자 계곡 프로젝트를 시작했다. 이들은 편지, 일기, 이미지, 신문, 교구 기록, 인구조사 기록, 세금 기록, 통계 및 지도를 포함한 역사 문서를 온라인에 게시했다. 전쟁 이전 자료에는 해당 카운티(버지니아의 오거스타와 펜실베이니아의 프랭클린)의 지리, 기반 시설, 농업, 정치, 종교 및 노예제도와 관련된 지도가 포함되었다. 이는 단순히 디지털화된 기존 자료의 시각화일 뿐만 아니라, 프로젝트 구성원이 온라인으로 사용할 수 있도록 제작된 프로젝트의 필수적인 부분이었다.[1]

시각 사료는 처음부터 디지털 역사의 핵심이었고, 지도는 아카이브 데이터를 시각화하고 비교 지점을 설정하는 데에 필수적인 구성요소였다. 본 장에서는 이른바 '공간적 전환spatial turn'에 힘입어 지도가 그 자체로 사료이자 역사적 해석이라는 주장에 대해 좀 더 논의할 생각이다. 논의는 세 가지 방향으로 진행한다. 첫째, 멀리서 보기distant viewing 아이디어를 포함한 시각적 자료의 역할 증가, 둘째, 최근의 시청각 자료 다중모드 분석 현황, 셋째, 시각적·시청각 기록의 메타데이터 가능성이다.

지도, 디지털 자료

역사가들은 항상 공간과 공간의 의미를 강조해 왔다. 과거 연구를 보면 시간when만큼이나 장소where도 중요했다. 예를 들어, (도시와 마을) 위치, 자연경관(강, 산, 바다)과 자연적·정치적 경계선이 포함된다. 지도 외에도 공간성은 건축 계획과 풍경 이미지부터 여행 계정의 구두 설명과 소설에 이르기까지 다양한 사료를 통해 연구되었다. 이를 통해 역사가들은 공간의 의미에 관한 이론을 정립했다. 이는 프레드릭 잭슨 터너의 유명한 논문 〈미국사에서 국경의 의의〉(1893)과 페르낭 브로델의 고전 《지중해: 펠리페 2세 시대의 지중해 세계》(1949)에서 입증되었다.

인문학과 사회과학의 이른바 '공간적 전환'은 공간과 장소에 대한 지속적인 관심에 뿌리를 두었다.[2] 이 관심이 실제로 학문적 담론 안으로 들어온 것은 1990년대였다. 도리스 바흐만-메딕에 따르면, 이러한 발전은 1980~90년대에 진행된 냉전 종식으로 고무되었다. 동구권과 서구권의 정치적 양극화가 종식됨에 따라 세계질서의 재편성을 지도화하고, 안보 전략을 뛰어넘는 초국가적 흐름이 세계가 상상하는 방식을 어떻게 변화시킬지 이해할 필요가 생겨났다.[3]

1989년 에드워드 소자의 획기적인《포스트모던 지리학》이 출간되었고, 1996년에는《제3의 공간》이 뒤를 이었다. 공간적 전환은 곧 인류학, 고고학, 지리학, 젠더 연구, 역사학을 포함한 여러 연구 분야를 포괄하게 되었다.[4] 디지털 역사가에게는 이러한 배경을 인식하는 것이 중요하다. 당연하게도, 공간성과 디지털 연구 방법은 다학제간 공동연구 결과가 나오면서 동시에 등장한 지리 공간 정보의 발전과 밀접하게 관련되어 있다.

앞서 1장에서 설명한 역사적 자료의 디지털화에는 지도도 포함된다. 오늘날 많은 국내 및 국제 디지털지도 컬렉션은 컴퓨터 계산 도구와 더 전통적인 방법을 모두 사용한다.[5] 예를 들어, 덴마크 왕립도서관은 이미 1997년에 지도 컬렉션을 스캔하기 시작했다. 원래의 구상은 지도 인덱스를 만들어 소장품을 보여 주고 컬렉션의 유용성을 높이자는 것이었다. 특히 다루기 어려운 대형 지도의 보존 문제에서 디지털 사본을 사용하면 원본을 그대로 보존할 수 있다는 점이 크게 작용했다. 그 결과, 덴마크 왕립도서관은 2003년부터 인터넷을 통해 희귀 지도를 제공하고 있다.[6]

아르헨티나 국립도서관은 현재 웹사이트에 1,122개의 다운로드 가능한 역사지도를 보유하고 있다. 디지털 컬렉션에는 오래된 지도뿐만 아니라 상당량의 20세기 자료도 포함되어 있다.[7] 런던 대영도서관은 대형 역사지도, 계획도, 조감도 컬렉션을 450만 개 항목 이상 소장하고 있다. 여기에는 스캔한 지도뿐만 아니라 지리 공간 데이터, 지도 제작 응용 프로그램 및 디지털 항공사진, 디지털화 콘텐츠와 본디지털 콘텐츠가 모두 포함되어 있다.[8] 컬렉션의 연대 범위는 족히 2천 년이 넘고, "3~4만 개의 지도, 세계 각지의 인쇄물과 수제 도면 및 조감도를 포함한다."[9] 2차원 지도만 있는 것도 아니다. 대영도서관에는 3차원 공예품인 수백 개의 지구의와 천구도 소장되어 있다.[10]

지도 자료는 숫자와 텍스트, 기호 및 이미지를 포함하는 여러 층위의 문화적 유물이다. 역사 연구자는 신중한 가까이 읽기와 도상학적 분석, 시각적 개념 및 텍스트 내용에 대한 컴퓨터 계산 연구 등을 기반으로 지도 자료를 한층 더 멀리서 읽을 수 있다. 지도는 물리적 세계의 표상으로 설명될 수도 있고, 우리가 아는 방식대로 세계를 구성하기도 한다. 기본적으로, 역사지도는 거리를 측정하고 표현하는 방법 그리고 지도 데이터 집계 전략 등이 원래 지도 제작에 이바지한 관행의 맥락에서 이해되어야 한다. 물론 지도의 제작 동기와 용도는 이러한 문서의 해석에 영향을 미친다.

일반적으로 3차원 세계를 2차원으로 포착하려고 하는 지도는 강력한 재현의 특성을 지닌다. 숀 그레이엄, 이안 밀리건, 스콧 와인가트는《역사적 빅데이터 탐구》에서 "겉보기에 간단해 보이는 이러한 재현도 어려운 선택으로 가득 차 있다. 3D 세계에 2차원 좌표를 놓는 것은, 어떠한 지도 투영법을 사용할지를 두고 복잡한 선택을 한다는 것을 의미하기 때문"이라고 지적했다.[11] 예를 들어, 구글 지도의 기초가 되는 메르카토르 투영법에서 보면 그린란드가 아프리카만큼 커 보이지만, 실제로는 아프리카가 14배나 더 크다.[12]

현재의 투영법은 2D, 3D 변환 문제를 해결하는 방법이 과거와 다를 뿐만 아니라, 물리적 세계를 투영하는 방식도 과거 지도에 비해 수많은 요인들에 영향을 받는다. 과거에는 지도가 상상의 영역을 재현했고, 해안선과 강바닥 같은 환경적 특징이 시간이 지남에 따라 변형되었을 수 있기 때문에 역사지도를 고스란히 지형 세계로 축소하는 것이 불가능했다. 따라서 연구자는 역사지도와 현대 지도의 일치 가능성을 추정하고, 이것이 학문적 과제의 목적에 부합한지를 결정해야 한다. 그 다음 단계는 현재 지도에서 위도와 경도를 근거로 역사지도의 지점들을 식별해야 한다(이게 지리 보정 과정이다).

1980년대부터 각종 지리 정보를 데이터베이스화한 지리정보시스템GIS을 연구에 편리하게 이용할 수 있다. GIS를 사용해 정보를 추출하고 다른 GIS 데이터 및 데이터 세트와 비교 분석하여 역사지도에 실제 지도를 그릴 수 있게 되었다.[13] 1만 1천 개 이상 역사지도를 소장하고 있는 뉴욕 공립도서관의 컬렉션은 지리 보정을 거친 역사지도를 이용자들에게 무료로 제공하고 있다.[14]

지도, 역사 해석

역사지도의 사용(실제로 모든 자료)은 연구 주제에 달렸다. 가령, 실질적인 역사지도를 사용할 수 없는 경우에 지리 보정은 선택 사항이 아닐 때가 종종 있다. 이 경우에는 지형과 지리 정보에 관한 다른 자료들을 디지털지도에 추가로 처리하여 역사적 해석을 이끌어 내야 한다.

역사가 해리 키이스키넨Harri Kiiskinen은 로마 에트루리아〔지금의 토스카나〕에서 테라 시질라타terra sigillata〔날인捺印 도토기陶土器〕 도자기의 생산과 무역 연구에 GIS를 사용했다. 그는 2천 년 전 당시 에트루리아의 어느 강을 따라 도자기 무역로가 형성되었는지를 추적했다. 이 작업은 고고학 및 역사적 증거 외에도, 미 항공우주국NASA이 제공하는 셔틀 레이더 지형 미션Shuttle Radar Topography Mission(SRTM) 수치 표고모델〔위치별 높낮이 정보가 3차원 좌표에 입력된 내용〕을 활용했다. 그 결과, 키이스키넨은 에트루리아 지역의 강 네트워크를 재구성한 지도를 그릴 수 있었다.[15] 여기서 디지털지도는 연구 목적에 이바지하고 중요한 역사적 고증을 표현한다.

지도는 GIS와 디지털 인문학 시대 이전에 이미 역사적 빅데이터를 시각화하는 데에 사용되었다. 정보 그래픽과 지도로 명성을 얻은 프랑스 토목기사 샤를 조제프 미나르Charles-Joseph Minard (1781~1870)의 지도가 대표적인 예이다.[16] 미나르가 제작한 지도 중 가장 유명한 것은 1812년 나폴레옹의 러시아 원정을 표현한 1869년 지도이다. 원정 방향을 표시한 이미지에 지리적 동선뿐만 아니라 병력 수와 귀환 시의 기온에 이르기까지 다양한 정보 요소가 포함되

〈그림 3〉 샤를 조셉 미나르의 〈1812년 나폴레옹의 모스크바 원정 지도〉. 원정에 참가한 병력 수와 동선, 당시 기온 등 초기 인포메이션 지도의 대표적인 사례이다.

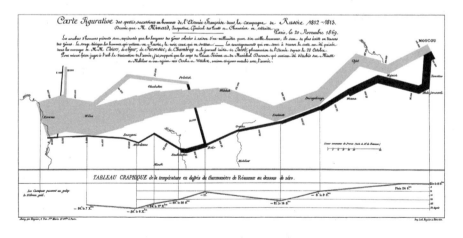

어 있다.[17] 지도는 나폴레옹의 군대가 러시아 국경에서 모스크바로 진군하는 동안 어떠한 고통을 겪었는지 구체적으로 보여 준다. 또, 전 세계적인 규모의 이주 같은 당대 현상을 포착하기도 했다. 고속 인쇄기와 철도 및 전보 같은 새로운 기술이 제공하는 데이터가 갑자기 풍부해졌다는 점에서 19세기는 오늘날과 유사했다.[18] 미나르는 소위 '흐름도flow map'[지도 선의 폭에 변화를 주어 교통량 등을 보여 주는 지도]의 개발자로 인식된다. 1845년, 철로 연결 개발 논의에 자극받은 그는 프랑스 동부 디종과 뮐루즈를 잇는 철로 노선에서 승객들이 어떻게 오갔는지를 보여 주는 지도를 제작했다.[19]

19세기 통계학은 오늘날 정보를 시각화하는 방법에 놀라운 영향을 미쳤다. 그레이엄·밀리건·와인가트는, 영국 의사 존 스노우John Snow(1813~1858)가 통계 방법을 사용하여 오염된 물과 콜레라 간의 연관성을 밝힌 점밀도 지도dot density map를 언급했다. 스노우는 런던에서 콜레라가 발생한 위치를 지도상에 점으로 표시했는데, 이를 보면 많은 경우 물 펌프 주변에서 감염병이 발생했음을 알 수 있다.[20]

지도의 이러한 역사적 뿌리를 인식하는 것은 중요하지만, 현대 디지털 기술은 여기서 더 나아가 지도 제작과 지도화 및 데이터 시각화의 수많은 새로운 길을 제공한다. 디지털지도는 확대/축소가 가능한 줌 기능을 이용해 다양한 역사적 사료를 축적한 데이터 플랫폼 기능까지 할 수 있다. 예를 들어, 도시 지도는 역사적 장소별 텍스트 정보와 이미지를 포함할 수 있다. 또, 지도는 다양한 연구 결과를 동시에 제시하는 채널이 될 수도 있다. 미나르는 인포메이션 그래픽에서 동일한 시도를 했지만, 디지털지도는 2차원 세계를 뛰어넘어 3차원을 재현할 수 있고, 그에 따라 과거에 대한 더 넓은 시각적 관점을 제공한다.

시각적 증거부터 멀리서 보기까지

지금까지 1990년대부터 디지털 역사의 중심에 있었던 지도와 지도화를 다루었다. 다음으로 논의해야 할 것이 과거의 실제 시각적 증거인데, 이 증거가 우리의 역사 이해에 어떻게 기여하고 변화시킬지까지 포함한다. 오늘날 디지털 역사가들은 원고 삽화, 사진, 포스터 및 예술 작품에 접근하지만, 디지털화 속도는 컬렉션에 따라 다르다. 때로는 무료 서비스를 제공하지만, 이용을 제한하기도 한다. 여러 이유로 무료 이용과 이용 제한의 경계선도 변한다. 예를 들어, 이미지의 가용성에 영향을 미치는 저작권 문제가 있을 수 있다. 박물관 컬렉션에서 저작권자는 예술가 외에 디지털 복제품을 제작한 사진작가까지 포함한다.

　시각 콘텐츠를 제공하는 네덜란드 암스테르담 국립박물관은 2천 점의 그림을 포함하여 1백만 개가 넘는 작품 컬렉션을 소장하고 있다. 암스테르담 국립박물관은 2012년에 이미 12만 5천 개의 고해상도 이미지를 제공하고 내려받을 수 있게 하는 특별한 프로젝트를 시작했다. 전체 컬렉션을 온라인으로 제공할 때까지 매년 4만 개의 이미지를 추가할 계획이다. 이용자는 박물관이 운영하는 국립 스튜디오에서 이러한 이미지를 탐색하고, 관찰하고, 클립을 찍어 연구 및 기타 목적으로 사용힐 수 있다. 2020년 5월 기준 국립 스튜디오에서 제공하는 고해상도 이미지가 67만 6,693개에 달했다.[21] 이 컬렉션은 네덜란드의 과거뿐 아니라 서양미술사 전체를 들여다볼 수 있는 실질적인 통로인 셈이다.

이용이 제한되는 컬렉션도 메타데이터가 온라인에서 제공되는 경우가 많아서 연구에 유용하게 사용할 수 있다. RMN Photo가 홀륭한 사례이다. RMN은 프랑스 미술관과 박물관의 합작 기업인 프랑스 단체 '국립박물관회의Réunion des musées nationaux'를 가리킨다. 오늘날 RMN Photo에는 마드리드의 프라도와 에든버러의 스코틀랜드 국립미술관과 같은 외국 갤러리도 포함되어 있다.[22] 데이터베이스에는 이용자가 컬렉션을 엿볼 수 있는 작은 미리보기 이미지가 포함되어 있으며, 키워드 검색도 가능하다. 컬렉션은 방대하다. 키워드 Arbre(나무)를 검색하면 중세부터 현재까지 그림, 스케치, 사진, 동상 및 기타 여러 종류의 물체를 포함한 다양한 종류의 나무 이미지가 2만 2천 개 이상 나온다. 19세기의 1,400개가 넘는 그림도 여기에 포함되어 있다.

RMN Photo와 암스테르담의 국립박물관 외에도, 수많은 국내 및 국제 이미지 컬렉션을 연구 범위에 넣을 수 있다. 전 세계 유수의 국립도서관들이 문화 유물과 이미지를 디지털화했고, 미국 기억 프로젝트부터 유로피아나까지 수많은 유산 프로젝트가 시각적 콘텐츠를 제공한다. 유산 프로젝트에는 제1차 세계대전 당시의 뉴스영화와 엽서, 편지 같은 초국가적 컬렉션이 포함된다. 유로피아나의 영화 컬렉션만 해도 2,726개의 항목으로 구성되어 있는데, 이는 세계대전에 관한 가장 포괄적인 영화 컬렉션 중 하나이다.[23] 컬렉션마다 텍스트 자료와 연구를 위한 전제와 조건이 다르게 설정되어 있지만, 디지털 역사가에게 제공하는 가능성은 매우 크다.

레프 마노비치 연구팀은 예술 프로젝트 소프트웨어 연구 이니셔티브에서 프랑스 인상파 그림 6천 점과 현대미술관 사진 컬렉션 사진 2만 장을 포함하는 방대한 이미지 및 비디오 컬렉션을 완성했다. 역사적인 관점에서 볼 때, 이 인상파 이미지 컬렉션은 포괄적이다. 1874~1886년에 인상파 전시회에 전시된 모든 유화 그림과 파스텔화의 약 50퍼센트를 포함했기 때문이다.

소프트웨어 연구 이니셔티브 실험은 데이터 세트에서 특정 기능(실제로는 200개)을 추출한다는 아이디어에서 시작되었다. 여기에는

'색상 특성, 대비, 모양, 질감 및 구성의 일부 측면'이 포함되었다.[24] 그런 다음 이러한 기능을 컴퓨터 계산상으로 더 작은 수의 차원으로 축소하여 이미지를 집단화하여 멀리서 전체를 볼 수 있게 했다. 그 결과, 연구팀은 흔히 인상주의 하면 연상되는 밝은 색조의 이미지 유형은 데이터 세트의 작은 일부에 그친다는 사실을 발견했다. 마노비치가 쓴 것처럼, "적어도 이미지의 절반이 오히려 전통적이며 고전적인 19세기 회화의 전형(훨씬 어두운 색조와 따뜻한 색상)에 훨씬 더 가깝다는 사실이 판명되었다."[25]

마노비치는 2015년에 발표한 논문 〈데이터 과학 및 디지털 아트 역사〉에서 이 실험 결과를 발표했다. 이 논문의 실제 목적은 대규모 이미지 집적체 연구를 위한 기본 개념을 규명하는 것이었다. 이 연구는 데이터 과학을 바탕에 두고, 특히 평균 명도와 채도 같은 추출 기능이 대형 데이터 이미지 세트에 관한 디지털 분석에 어떤 역할을 하는지를 보려는 연구였다. 2019년 테일러 아널드와 로렌 틸튼은 '멀리서 보기'라고 명명한 것에 대해 역설했다.

〔우리는〕 DH〔디지털 인문학〕가 우리가 멀리서 보기distant viewing라고 부르는 것, 즉 방대한 시각 자료 컬렉션을 연구하기 위한 방법론적·이론적 틀을 고려해야 한다고 주장한다. 멀리서 보기는 이미지에서 의미론적 메타데이터를 추출하는 해석적 특성을 명시한다는 점

에서 다른 접근 방식과 구별된다. 달리 말해, 연구하기 전에 시각 자료를 '봐야' 한다. 우리가 사람이나 모델이 취한 해석적 행동이라 정의하는 '보기viewing'는 정보가 시각 자료로 전송되는 방식으로 인해 필요해진다.[26]

마노비치는 '멀리서 보기'라는 표현을 사용하지 않았지만, 바로 이것이 그의 텍스트가 추구하는 목표이다. 즉, 기계적 보기가 무엇을 의미하고 디지털 인문학에서 어떻게 사용될 수 있는지 추적하는 것이다. 최근 다른 연구자들도 '멀리서 보기'를 연구에 활용하고 있다.[27] 이는 컴퓨터를 이용한 이미지 연구와 문화 분석에 대한 관심이 커지고 있음을 보여 준다.

멀리서 읽기에서는 다음과 같은 질문이 가능하다. 기계가 텍스트를 '읽을' 때 컴퓨터 계산을 통해 어떤 특성을 추출해야 하며, 이러한 특성이 분석에 어떻게 쓰일 수 있는가? 정지된 이미지와 움직이는 이미지에 대한 분석도 마찬가지다. '보기'란 무엇을 의미하는가? 이것이 아널드와 틸튼이 공동연구에서 강조하는 바인데, 바로 "시각적 집적체에 대한 탐색적인 데이터 분석 이전에 시각 자료를 코딩할 필요성"이 있다는 것이다.[28] 그와 동시에 다양한 장르와 다양한 종류의 이미지가 있음을 인식하는 것이 중요하다. 그러므로 해석에서 고려해야 할 별도의 특징이 있을 수밖에 없다.[29]

소리와 시각

항상 디지털 인문학과 관련된 것은 아니지만, 데이터 과학에서는 소리와 시각에 관한 연구도 많이 진행되었다. 자동음성인식Automatic Speech Recognition(이하 ASR)은 오늘날 시청각 자료 연구에 유용한 도구이다. ASR 프로그램을 이용해 음성을 추출하고 텍스트로 변환할 수 있을 뿐만 아니라, 이를 다시 텍스트 마이닝 도구로 분석할 수 있다. ASR 처리는 청각이나 시청각 사료 콘텐츠의 디지털 인덱스를 생성하는 데에도 쓰일 수 있어 기존의 메타데이터 향상에 도움이 된다.

우리의 아카이브, 즉 기록 보관 파일에는 수많은 오디오 자료가 있다. 컴퓨터 계산 방법으로 이에 대한 접근성을 높이자, 당연히 소화하기 어려운 자료를 대량으로 연구할 수 있게 되었다. 한 가지 사례를 들어 보자. 1920년대 후반과 1930년대 초반 영화 사운드의 도입 이후에 출현한 뉴스영화newsreels를 사료로 사용할 때 ASR을 적용할 수 있다. 당시의 뉴스영화는 현장에서 녹음된 음향 없이 무음 카메라로 촬영되었다. 해설은 스튜디오에서 후시 녹음되었다. 뉴스영화는 텍스트 중심의 시청각 문화 형태였다. 그러므로 음성 추출은 당시의 좋지 않은 사운드 품질과 배경음악 등에도 불구하고 여러 가지 새로운 사실을 규명하는 결과를 낳을 수 있다.

물론, ASR의 단어 식별이 언어 모델에 치중되어 있다는 점이 걸림

돌이 될 수 있다. 역사가의 관점에서 볼 때, 과거의 언어 행위를 인식하는 데에 필수적인 역사적 언어 모델 연구가 충분하지 않아 아쉽다. 언어뿐만 아니라 우리가 말하는 방식, 즉 발음도 엄청나게 바뀌었다. 1930~1940년대의 서사영화 같은 픽션 자료에는 방언과 속어가 포함되었을 수 있고, 좋지 않은 사운드 품질과 촬영장 소음으로 인식이 더 힘들 수 있다. 그럼에도 불구하고, 옛날 영화 콘텐츠를 채굴하여 멀리서 보기를 한다는 아이디어는 매혹적이다. 분명히 지난 수십 년에 관한 상상력으로 나아가는 길을 제공할 것이다. 최근에는 오디오 이벤트 감지, 음성 활동 감지, 화자 일지와 같은 방법론을 개선하는 데에 도움이 되는 정교한 기술도 등장했다. 이런 기술을 이용하면 실제로 말하는 사람이 누구인지를 식별하고, 심지어 인물이 화면에 보이지 않을 때에도 목소리와 발화자를 연결해 준다.[30]

최근 또 다른 탐구 영역은 심층 신경망DNN과 관련된 기술을 활용한 시각적인 영화 콘텐츠 분석이다. 여기에는 시각적 특징, 표정 추출, 시각적 콘텐츠 설명과 같은 연구 전략이 포함되고, 이는 시각성을 넘어 시청각 자료의 다중 모드 분석으로까지 나아간다.[31] 콘텐츠 감지기의 발전은 대규모 시청각 데이터 세트의 세부 사항 식별에 도움을 준다. 만일 장기간 진행되는 연구 프로젝트라면, 영화 콘텐츠 분석으로 영화 작업에 사용된 환경, 분위기, 문화 제품이 시간의 흐름에 따라 어떻게 변하는지 같은 기본 자료를 얻을 수 있다.

시청각 콘텐츠를 연구할 때에는 19세기 이후에 변화한 기술에 주의를 기울이는 것이 필수적이다. 이러한 문화적 생산물이 디지털 분석에 사용되는 방법과 유통 방법에 영향을 미치기 때문이다. 영화의 초창기 역사는 매우 깨지기 쉽고 불에 잘 타는 질산염 셀룰로스 필름에 보존되었다. 그에 따라 초기 필름은 많이 손상되었고, 그에 대한 연구 역시 필름 외에 스틸사진, 원고, 신문광고, 비평 등 다양한 자료를 이용해야 한다. 이 필름보다 더 안정적인 셀룰로스 아세테이트 필름은 제2차 세계대전 이후에야 널리 쓰였다. 이에 따라 전 세계의 영화 아카이브는 수십 년 동안 아세테이트 복제본 제작에 몰두했고, 이제는 4K 이상의 해상도로 디지털 스캔을 수행하여 이러한 사본을 보존하는 것을 목표로 삼고 있다.

1950년대 비디오테이프 리코더가 출시된 이후로 시청각 제품에 다양한 기술이 도입되었다. 1980년대에는 베타맥스Betamax와 VHS 기술이 시장을 지배했지만, Video 2000과 유매틱U-matic 같은 형식도 다양하게 등장했다. 1990년대 들어 디지털 CD, 레이저디스크, DVD가 연달아 등장했고, 2000년대에는 블루레이디스크와 스트리밍서비스가 뒤따랐다.

이 기간에 해상도 역시 고화질HD에서 초고화질UHD로, 2K에서 4K 그리고 8K로 바뀌었다. 일련의 기술 발전은 시청각 콘텐츠에 관심이 있는 디지털 역사가에게 하나의 도전이다. 영화 아카이브는 이

기술 발전에 따라 디지털 사본을 제작했지만, 여전히 원래 형식으로 보존된 홈 메이드 영화처럼 아직도 해결해야 할 문제가 많다.

시각성, 텍스트성, 메타데이터

본 장에 대한 결론을 내리면서 나는 시각성 연구의 다른 두 가지 측면으로 되돌아가고 싶다. 반드시 기억해야 할 이 측면들은 우리에게 텍스트성 연구와 시각성 연구의 근접성을 상기시킨다.

첫 번째 측면은, 이 책에서 언급한 디지털화 프로젝트의 지배적인 부분이 실제로는 이미지를 기반으로 한다는 것이다. 인쇄물도 먼저 이미지로 스캔한 다음에야 OCR로 텍스트 인식을 하기 때문에, 디지털화를 거친 도서와 저널, 신문도 이미지 컬렉션에서 나온다. 대부분의 연구 방법은 OCR이 적용된 텍스트를 강조하기 때문에 모든 신문 저장소는 기본적으로 신문 이미지 컬렉션이라는 말이다. 이러한 지점이 제대로 조명되는 경우는 별로 없다.

텍스트성은 시각성과 반대되는 개념이 아니다. 텍스드 역시 그 자체로 시각적인 개체이다. 색상과 글꼴 유형, 글꼴 크기, 간격 등 여러 레이아웃 요소로 구성된다. 가령, 연구 사료가 도서 표지의 역사적 변화를 스캔한 자료라면 어떤 연구를 할 수 있을까? 시간이 지나면서 헤드라인이 어떻게 바뀌었나? 얼마나 많은 열이 배치되어 있는가? 그림과 사진은 언제 표지에 처음 등장했는가? 역사적 배경에서 광고의 역할은 어떻게 변형되었나? 실제 스캔한 이미지 외에, 메타데이터를 통해 시각성에 접근할 수 있다. 보통 XML 파일에는 문서에 담긴 텍스트와 이미지의 시각적 내용과 물리적 위치 정보가 포함된다. 이런 데이터는 신문과 잡지에 실린 그림과 사진을 찾는 데에 도움이 된다.

마지막으로, 메타데이터에 관한 논의가 필요한데, 그 의미는 이미지 논의와 다르다. 모든 이미지 데이터베이스에는 각 객체에 대한 메타텍스트 정보가 포함되어 있다. 데이터 품질마다 확실히 차이가 있지만, 이 데이터베이스는 여러 가지 방법으로 정보를 제공하게 된다. 미술관의 온라인 데이터베이스를 예로 들어 보자. 모스크바의 트레티야코프 갤러리Tretyakov Gallery는 18만 개가 넘는 예술 작품을 포함하여 세계에서 가장 유명한 컬렉션을 보유하고 있다. 온라인 컬렉션에는 예술가와 그림의 이름, 작품의 크기 및 작업에 사용된 기술이 포함되어 있다.[32] 이것은 표준 세부 사항이지만, 이를 토대로 컬렉션의 다양한 비율을 탐색할 수도 있다. 가령, 특정 기술이 시간이 지나면서 어떻게 변화하는지 들여다볼 수 있다. 일부 데이터베이스는 더 많은 세부 정보로 구성되어 있다.

본 장의 앞부분에서 제시한 사례를 다시 가져와 보자. 유럽 예술에 대한 가장 포괄적인 데이터베이스는 RMN Photo인데, 1946년 프랑스 문화부의 감독 하에 상업기관으로 출범했다. 원래는 프랑스 국립박물관의 컬렉션을 홍보할 목적이었고, 일부 외국 컬렉션도 소개했지만 이 임무는 그대로 유지되었다. 오늘날에는 루브르박물관, 오르세미술관, 퐁피두센터, 샹티이 콩데 박물관, 팔레 드 보자르 드 릴 등 국립 및 지역 박물관에 소장된 거의 80만 장의 예술 작품 사진으로 구성되어 있다. 모든 이미지는 온라인에서 접근 가능하고, 고해상도 사본만 구매할 수 있다.[33]

RMN Photo가 보유한 작품 사진의 메타데이터는 키워드를 포함한 많은 세부 정보로 보강되었다. 예를 들어, 장 조제프 타야송Jean-Joseph Taillasson(1745~1809)의 그림 〈세네카의 아내 폴린이 다시 살아나다〉에는 식별자(91-002122), 재고 번호(INV8081), 기간(18세기, 근대), 기술 및 재료(캔버스에 유채), 위치(파리, 루브르박물관), 사진 저작권(RMN-그랑 팔레, 루브르박물관, 크리스찬 장), 디지털 이미지의 크기(이 경우 1,0535 × 8,192 픽셀) 및 그림 내용과 관련된 키워드가 있다. '실신'이란 단어를 키워드로 검색하면, 실신과 관련한 이미지들이 검색된다. 참고로, RMN Photo는 18세기에 제작된 17개의 실신 이미지를 제공한다. 그런데 이 컬렉션에는 희미한 인물을 묘사한 178개의 작품이 포함되어 있고, 대부분 유화이지만 사진, 직물, 연필그림, 잉크 작품 등도 있다. 이는 자세히 읽을 수 있는 한 가지 사례일 뿐이지만, 전체 데이터베이스를 분석하면 예술의 발전을 바라보는 예외적인 견해뿐 아니라 실신의 역사 같은 더 다양한 연구로 나아가는 통로에 닿을 수 있다.

시각적 및 시청각 자료는 메타데이터를 통해 생산적으로 접근할 수 있다. 그러려면 데이터베이스에 대용량 데이터로 접근할 수 있어야 한다. 현재 이용 가능한 가장 포괄적인 국제적인 영화 데이터베이스 중 하나는 인터넷영화데이티베이스IMDb이다. 비록 불완전하고 부정확하다는 비판도 받지만, 과거에 제작된 영화뿐 아니라 현재 제작 중인 작품들까지 초국가적·대륙횡단적으로 망라한다는 이점이 있다. IMDb는 1990년 팬 기반 기업으로 시작되었지만, 오늘날에는 아마존의 자회사로서 영화와 TV 프로그램 및 비디오게임에 이르기까지 관련 콘텐츠를 온라인으로 제공하고 있다. 2020년 1월까지 TV 시리즈 에피소드를 포함하여 650만 개의 타이틀과 1,040만 개의 인물 항목이 업로드되어 있다. 중요한 것은, 이 대량의 데이터가 대부분 완전 무료로 제공된다는 점이다. IMDb는 매일 새롭게 업데이트되는 7가지 데이터 세트를 제공한다.[34]

이 데이터는 이미 역사지향적 연구에 이용되고 있다. 예를 들어, 보 맥크레디는 1910년부터 2018년까지 변화한 영화 장르의 인기를 시각화하고, 액션영화에서 서부영화에 이르는 12가지 영화 장르의 발전을 설명했다.[35] 이는 메타데이터로 이룰 수 있는 성과와 업적의

극히 일부일 뿐이다. IMDb의 데이터베이스는 배우와 감독 및 기타 제작 스태프들의 네트워크를 분석하는 데에 사용될 수 있다. 영화 제목을 제작 국가와 연결하면 영화 인력의 움직임을 알 수 있고, 지역적·글로벌 수준에서의 생산량 변화 등을 알 수 있다. 데이터베이스에 현재 제작 중인 영화 현황까지 담기기 때문에, 영화 연구자는 이를 통해 앞으로의 영화 흐름도 예측할 수 있다. IMDb의 자료에 대한 이러한 스케치는 시청각 연구를 뒷받침하는 수많은 옵션 중 하나에 불과하다. 나라별 영화관과 텔레비전방송에 대한 자세한 정보를 담은 데이터베이스들도 있기 때문이다. 영화의 경우, 영화 콘텐츠는 물론이고, 실사영화와 TV 프로그램까지 점점 더 디지털 형식으로 제공되는 추세이다.[36]

디지털 시각화 기술은 2000년대에 확장된 연구개발 영역으로, 이 흐름은 앞으로도 계속될 전망이다. 디지털카메라와 휴대전화에서 UHD 텔레비전 세트와 고해상도 디스플레이에 이르기까지 우리 생활의 전 영역에 시각 장치가 침투하고 있다. 이 기술은 우리가 삶을 즐기는 방법, 주변 세계와의 관계를 표현하는 방법, 심지어 통제되고 감시되는 방법의 중심 위치를 차지하게 되었다. 최근 수십 년 사이에 시청각 문화는 아날로그 영화관에서 4K 디지털 시네마로 변화했지만, 특수 장치와 숙련 기술만 있으면 과거의 질산염 및 셀룰로스 아세테이트 필름도 얼마든지 볼 수 있는 정도로 발전했다.

오늘날의 소비자는 그 어느 때보다 시각적 · 시청각 콘텐츠를 제작하고, 이 시각화 작품을 소셜미디어에 공유하고, 개인 하드디스크 드라이브와 클라우드 서비스에 보존하는 데에 능하다. 시각적 측면과 시각적 문화유산을 기반으로 역사를 해석하는 새로운 통찰, 방법 및 애플리케이션이 조만간 나올 것이 분명하다.

4장

범학제성과 연구 과제

디지털 역사가는 방대한 자료를 사용할 수 있다. 이전 논의에서 보았듯이, 더 많은 자료를 쉽게 사용하는 것과 동시에 전체론적 측면과 사료비판적 측면을 신중하게 고려해야 한다. 디지털 역사가의 주요 과제는 대규모 데이터 세트를 사용하는 일이다. 따라서 디지털 역사는 종종 범학제적 작업으로 협력과 공동 작업을 기반으로 한 공동연구 형태를 취한다.

이때 학제 간의 경계를 넘어설 필요가 있다. 복잡한 문제를 해결해야 하기도 하고, 다른 연구 분야에서 개발한 도구를 다른 맥락에 적용할 수도 있기 때문이다. 디지털 역사가는 역사 문제라는 관점에서 자신의 작업을 바라보지만, 그 작업에는 다양한 분야와 방법론적 전통의 전문 지식이 필요할지 모른다. 다른 연구 공동체나 연구 패러다임에서 사용하는 것을 역사 연구에 가져다 활용하지 않을 이유가 없다. 디지털 역사가만 그런 것이 아니다. 확실히 세계는 점점 더 복잡해지고 있다. 우리가 직면한 이 복잡성 앞에서 범학제적 작업의 필요성이 한층 더 강조된다.

1991년 프랑스어로 처음 출판된 매력적인 책《우리는 결코 근대

인이었던 적이 없다》에서, 브뤼노 라투르는 낱장 신문이 우리 주변 세계를 어떻게 묘사하는지 설명했다. 그는 화학적·정치적 반응이 어떻게 얽혀 있는지 관찰했다. 오존층 구멍이 넓어져 발생하는 위협에 관한 라투르의 관찰 결과, 오늘날의 세계에서 인간과 비인간적 요인은 분리할 수 없다는 사실이 입증되었다. 자연은 인간의 행동과 문화에서 외부화될 대상이 아니다.[1] 오존 문제는 1990년대에 치열하게 공개 토론되었다. 오늘날 우리는 결국 소비 패턴을 바꾸고, 산업 및 의사결정권자에게 영향을 미치고, 이러한 수단으로 오존 재앙을 피할 수 있었음을 알고 있다. 이 긍정적인 결과는 인간과 비인간 주체들이 함께 연결되어 있다는 사실을 확인시켜준 셈이다.

오늘날 우리는 기후변화와 지구온난화, 지구의 생물다양성 감소, 그리고 이런 큼직한 문제와 관련된 정치적 불안정 같은 새로운 도전에 직면해 있다. 이러한 관점에서 볼 때, 서구 학계가 현재와 너무 다른 세계에 뿌리를 두고 있다는 비판이 쉽게 이해된다. 그렇다면 세계에 대한 지식을 넓히는 학문적 문제에 대한 집중적인 헌신을 촉진하는 진지한 연구 요람으로서의 장기적인 역할을 확고히 유지하면서, 이러한 도전에 대응할 수 있는 유연성과 탄력성을 동시에 갖도록 우리의 대학을 변화시킬 방법은 무엇인가? 지구온난화 같은 문제는 한 분야의 수단만으로는 해결할 수 없다는 것이 분명하다. 그렇다고 해서 분과적 사고가 한물간 것이 되었음을 의미하지 않는

다는 것 또한 분명하다.

분과성을 넘어

학문 분과의 경계 극복에 대한 관심은 오랫동안 과학과 예술 및 인문학의 일부였다. 학문이 얽히거나 섞일 수 있는 여러 가지 방법을 설명하는 어휘들이 있다.

분과내부적Intradisciplinary이라는 용어는 단일 분야 내에서만 이루어지는 학술 작업을 가리킨다. 이는 최대한 학제적이다. 다음으로, 분과교차적Crossdisciplinary이라는 용어는 학문 분과 간의 상호이해를 증진시키는 노력을 가리킨다. 분과복합적multidisciplinary 작업은 다양한 학문 배경을 가진 연구자들이 함께 모여 공동의제에 집중하여 모든 구성원이 자신의 특정 지식과 기술을 창의적으로 활용할 수 있도록 하는 것을 목표로 삼는다. 범학제적Interdisciplinary 환경에서는 한층 더 야심 찬 목표 설정이 가능하고, 연구자는 다양한 분야의 지식과 방법을 통합하여 당면한 프로젝트를 수행할 월등한 도구 상자를 창안한다.

여기서 더 나아가, 범학제적 작업의 한 형태인 분과횡단적transdiscilinary 연구는 각 학문 분과의 전제에 대한 불만에서 조금 더 나아간다. 학제 간 사고는 학문의 역할을 인정하지만, 학제 '간inter' 이나 '사이'이기 때문에 분과횡단적 연구는 학문적 경계와 관점을 넘어 더 큰 지적 틀을 만들고자 도전한다.[2] 줄리 클라인은 저서《디지털 인문학의 범학제성》에서 다음과 같은 방식으로 아이디어를 구체화했다. "분과횡단성은 새로운 개념 틀이나 패러다임과의 포괄적인 종합을 통해 학문적 세계관의 좁은 범위를 초월한다."[3]

'디지털 역사'라는 이름으로 진행되는 현재의 연구와 교육에 따르면, 디지털 역사는 주로 범학제적 및 분과횡단적 출발점을 따른다고 주장하는 것이 타당해 보인다. 범학제성 사례의 경우, 목표를 달성하기 위해서는 각 분과의 전문 지식이 필수적이다. 그러나 이러한 노력은 학문 분과들이 힘을 결집하는 경우에만 가능하다. 동시에, 디지털 역사보다 디지털 인문학의 경우가 훨씬 더 분과적 사고방식 없이 자란 학자 세대를 교육하기 위해서는 장기적인 분과횡단적인 전략이 필요할지 모른다.

범학제적 작업의 범위, 유형 및 목표가 다양하기 때문에 양쪽의 결론 모두 사실이다. 우리는 의심할 여지 없이 데이터 과학이 일종의 메타과학이 되고, 모든 종류의 연구에서 실질적인 존재감을 드러낼 정도까지 인공지능이 학술 작업에 스며드는 미래를 상상할 수 있다. 이 경우, 데이터 과학은 분과 등록에서 벗어나 보편적 수준의 연구자 교육에 통합되어야 한다. 과학은 항상 엔트로피 상태에 있었지만, 우리의 미래는 달라질 것이다. 새로운 연구 분야가 끊임없이 등장하기 때문이다. 연구를 위한 새로운 통로를 구상하기 위해서는 범학제적 연구 센터와 연구 허브가 필요하다.

결국, 모든 것은 범학제성의 범위와 유형 및 목표가 어떻게 정의되는지에 달렸다. 카트리 후토니에미 · 줄리 클라인 · 헨릭 브룬 · 얀 후키넨은 2010년 구체적인 연구 프로젝트에서 범학제성이 어떻게 표현되는지에 대한 분석에서 이 세 가지 차원을 항목별로 분류했다.[4] 이들에게 범위scope란 분과들이 만나는 특정 프로젝트에 실제로 통합되는 것에 관한 질문을 의미한다. 한 프로젝트의 범학제성이란 좀처럼 포괄적이지 않지만, 일부 영역으로 좁혀진다. 두 번째 차원은 범학제성의 유형type인데, 이는 "연구 문제의 틀을 잡고 분야 간의 지식 흐름을 조정하는 것뿐만 아니라, 연구 수행 및 결과의 공식화와 분석에서"[5] 연구가 최종적으로 어떻게 실현될지에 주의를 기울인다는 것을 의미한다. 세 번째 차원은 범학제성 기업의 실제 목표goals의 중요성을 강조한다. 범학제적 활동이 이루어지는 이유는 무엇이며, 연구자들은 이러한 목표를 어떻게 표현하는가?[6]

후토니에미 등은 논문에서 범학제적 작업에 대한 이러한 목표는 본질적으로 다르다고 주장한다. 일부 프로젝트는 훨씬 더 심층적인 지식을 얻는 데에 관심이 있지만, 다른 프로젝트는 훨씬 더 도구적이고 비학문적인 의제를 다루기 때문이다. 이 점은 디지털 인문학

뿐만 아니라 모든 연구의 특징이지만, 후토니에미 등의 논문은 이러한 목표와 그들의 표현이 분석되고 평가될 수 있음을 인정하는 데에 중점을 둔다.

그러나 디지털 인문학의 경우에는 명심해야 할 과학정책의 더 넓은 측면이 있고, 이는 목표의 문제를 뛰어넘는다. 대부분의 연구 활동은 자금 지원 기관, 연구 프로그램, 대학 전략에 의거해 국내 및 국세적 차원에서 관리된다. 이는 연구의 자유에 대한 위협으로 볼 수 있다. 연구자들이 다른 분야에 대한 참여를 통해 그들의 연구를 정당화해야 한다면, 분과 기반 연구 자금이 특히 더 많이 감소하고 있는 상황을 어떻게 설명해야 하는 걸까?

린 유웨이는 2012년 이 점을 지적했다. "국내 및 국제 연구 자금지원위원회들이 인문학 연구가 자연과학 및 공학 분야의 연구와 마찬가지로 데이터 집약적이고 증거 기반 학술 활동에 참여해야 한다는 점을 점점 더 강조하고 있다"[7]는 것이다. 이러한 우려는 이해할 만하고, 그 안에 진실이 있을 수 있다. 그러나 범학제적이나 데이터 집약적 연구 분야에 대한 참여가 인문학의 손실로 이어진다는 증거는 찾기 어렵다. 범학제성은 결코 일방통행로가 아니다. 그것은 인문학의 관점이 다른 분야의 연구자에게도 영향을 미칠 수 있는 상호 교류의 과정이다. 세계가 정보기술과 디지털 장치로 포화 상태에 이른 오늘날, 역사가와 다른 인문학 분야 연구자들이 데이터 과학과 공학 같은 분야의 연구에 참여하는 것이 훨씬 더 시급하다.

경계를 넘나드는 거래

범학제성은 결과가 부분의 합에 불과한 단순 계산 작업이 아니다. 가장 유익하고 보람 있는 경우에는, 어쩌면 불가능했을 관찰로 이어진다. 한 분야의 연구 결과가 다른 분과의 맥락에 적용되어 돌파구가 마련되는 경우가 종종 있다. 분과의 경계를 넘어 방법과 연구 전략을 실험하는 것이 가능하고, 또 건설적이다.

폴란드 크라쿠프 교육대학, 폴란드 과학아카데미, 대한민국의 울산과학기술원의 연구자들이 수행한 유기화학 프로젝트는 흥미로운 사례이다. 연구의 출발점은 '화학반응에서 역할을 하는 엄청난 수의 다른 분자와 그 조각'이었다. 연구의 목표는, 특정 원자 클러스터가 다른 집단을 격퇴하면서 함께 유지되는 경향이 있는 이유를 이해하는 것이었다. 연구자들은 언어 도구를 사용하여 화학 단위를 비교하고 복잡한 분자를 '의미 있는' 하위 구조로 나누기로 했다. 그런 뒤에 이 하위 구조를 클러스터로 만들며 텍스트 마이닝 도구, 그중에서도 토픽 모델링을 적용했다. 이것은 단지 실험에 불과했지만, 연구자들은 의미론적 정보가 '텍스트 마이닝 알고리즘을 사용하여 화학 집적체로부터 추출될 수 있다'는 결론에 도달했다.[8] 이 경우, 디지털 인문학에서 개발된 도구가 자연과학 문제를 해결하는 데에 사용될 수 있다. 아이디어를 가지고 실험하는 것은 상상력과 용기의 문제인 것이다.

얼핏 보기에 공통점이 별로 없어 보이는 전혀 다른 연구 분야가 어떻게 서로에게 이로울 수 있는지를 보여 주는 또 다른 사례가 미국립생물공학정보센터NCBI에서 개발한 소프트웨어 BLAST이다. BLAST는 생물 서열 간의 유사성 영역을 찾아, 가령 뉴클레오타이드와 단백질 서열을 비교하는 데에 사용할 수 있다. 이것은 바이오 정보학 연구자라면 모두 알고 있는 소프트웨어이다. 그러나 소프트웨어 자체는 본질상 일반적인 것이다. 유사한 서열을 감지하고, 다른 종의 서열에 적용될 수 있으면, 반드시 생물학적일 필요가 없기 때문이다.

핀란드 투르쿠대학교의 최근 프로젝트에서 광학적으로 인식된 텍스트에 많은 오류를 포함하는 옛날 신문의 텍스트 재사용 연구에 BLAST가 적용되었다. 핀란드의 19세기 논문이 OCR 소프트웨어가 처리하기 어려운 고딕 활자를 주로 사용했기 때문이다. BLAST는 오류와 돌연변이를 허용하도록 제작되었으므로 지저분한 자료상의 유사성을 식별하는 데에 유용하다. 이 프로젝트에서 각각의 문자는 아미노산으로 인코딩된 다음, BLAST를 통해 집적체 전체가 실행되었다. 마침내 510만 페이지의 집적체에서 6,100만 건의 유사성이 발견되었고, 이 발생 건수는 반복 체인에 집적되었다.[9] 그 결과, 다른 연구자들도 검색할 수 있는 텍스트 재사용 데이터베이스가 탄생했다.[10]

이러한 예상치 못한 방법론적 해결책은 연구팀에 바이오 정보학 전문가가 포함되지 않았다면 불가능했을 것이다. 그러나 처음부터 범학제적 연구 집단이 있었다는 사실이 이러한 성과의 토대가 되었다. 여기에 방법과 연구상의 질문은 항상 상호 연관되어 있다는 점이 추가되어야 한다. 범학제적 해결책이 필요한 문제를 먼저 식별하는 것은 가능하지만, 학제 간 관행이 팀의 상상력을 자극하고, 그렇지 않으면 눈에 띄지 않았을 새롭고 유익한 연구 질문을 찾는 데에 도움이 된다는 점이 중요하다.

범학제적 작업에는 종종 공유 공간이 필요하다. 패트릭 스벤손은 디지털 인문학에서 공간의 역할, 구체적인 위치와 추상적 공간 모두에 대해 광범위하게 저술했는데, 이는 디지털 역사에도 영감을 준다. 그는 디지털 인문학을 사람, 아이디어, 도구 및 방법이 한데 어우러지는 거래 구역이자 회합의 장소라고 표현했다.[11] 이런 의미에서 BLAST의 적용은 '거래'와 '회합'의 실행 결과였던 셈이다.

그러나 협력이 항상 조화로운 것만은 아니다. 스벤손은 메리 루이스 프랫의 접촉 구역 인식을 언급한다. 프랫에 따르면, 문화는 종종 "매우 비대칭적인 권력관계"에서 만난다. 접촉 구역은 의사소통의 플랫폼으로서 불균형하고 계층적일 수 있고, 반드시 무역이나 상호교환으로 이어지는 것은 아니다.[12] 가령, 파트너 중 한 사람이 다른 파트너의 전제 조건을 인식하지 못하거나 기본 개념에 대해 협상할 의지가 없는 경우가 이런 경우이다.

맥스 켐먼은 종종 '범학제적 협력에서 지식의 비대칭'이 있다고 지적했다. 그는 "역사가들은 컴퓨터 과학자들이 어떻게 그들의 임무를 수행할지 알지 못했고, 그 결과, 그들이 만족할 만한 도구를 적절하게 협상할 힘이 부족했던"[13] 프로젝트를 언급한다. 켐먼은 2019년의 연구《디지털 역사의 거래 구역》에서 이 문제를 더 자세히 논의했다.

켐먼은 온라인 설문조사, 인터뷰, 직접 관찰, 2008년과 2017년 사이에 역사가들이 작성한 1만 개 이상의 블로그 게시물에 대한 LDA 토픽 모델링을 포함한 광범위한 1차 자료 연구를 기반으로 지식 비대칭 문제를 논했다. 결론적으로 그는 디지털 역사 프로젝트에는 불확실성이 있다고 지적했다. 이러한 불확실성은 한편으로는 역사가들이 컴퓨터 계산 방법을 활용하는 방식에 머뭇거리고, 다른 한편으로는 방법론적 도구 상자가 역사적 데이트 세트에 어떻게 부합하는지에 대한 데이터 과학자의 불확실성에서 비롯되었다. 그러나 켐먼의 분석은 이 문제를 해결하는 다양한 방법도 실었다. 그가 '디지털 역사 중개인'이라고 부른 일부 역사가들이 거래 구역을 창의적인 공간으로 사용하고, 이 공간에서 정책 입안자를 포함한 다양한 그룹과 협상할 수 있었기 때문이다. 하지만 거시적 차원에서 거래 구역 해결책은 아직도 연구 관행을 바꾸어 놓지는 못했다.[14]

범학제적 연구 수행

불확실성의 문제는 모든 범학제적 탐구에서 중요하다. 이러한 느낌이 드는 이유는 의심할 여지 없이 분과적 사고와 범학제적 압력 사이의 긴장 때문이다. 린 유웨이가 지적했듯이, 현재 학계는 경계를 허물어야 한다는 상당한 압력을 받고 있고, 이러한 종류의 프로젝트를 재정 지원하는 자금도 있다. 그런데도 연구자의 열정과 연구에 대한 헌신이 분과적인 배경에 머물 수 있다. 해당 분과에 온전히 헌신하기 위해 연구 현장에 왔고, 특히 분과의 관점에서 보는 기술을 연마했기 때문이다. 따라서 연구자들은 안전지대 바깥에 있는 다른 영역에 나와 있을지도 모른다.

연구의 핵심 개념들에는 분과적 연관성이 있고, 그 자체로 가치가 있다. 우리는 문화 연구와 젠더 연구 같은 연구 분야가 1980~90년대 이후 인문학에 얼마나 깊은 영향을 미쳤는지 주목해야 한다. 문화와 젠더 개념의 발전에 대한 헌신은 좋은 결실을 거두었다. 좋은 범학제적 연구를 수행하려면 분과적 출발점에서 시작해야 한다.

그러나 디지털 역사는 학문 분과가 아니다. 이는 연구자가 거래 지역에 들어가야 하는 범학제적 사업이 될 수도 있는 역사 연구의 한 분야이다. 이러한 입문 행위는 학문적 정체성에 관한 질문을 제기하거나, 적어도 수년 동안 얻은 기술과 지식을 강조하는 것일 수 있다. 이것은 몇 가지 질문으로 이어진다. 디지털 역사의 자체 기술과 지식의 경계는 어디에 있는가? 범학제적 과제에 더 잘 부합한 전문 지식을 계발하는 것은 어디까지 가능한가? 특히 연구자가 전통적으로 단독으로 진행되는 학문적 배경 출신인 경우, 폭넓은 협업에 어떻게 통합되는가? 이런 질문에 직면하면 어차피 모든 사람이 불확실하다고 느낀다.

범학제적 교류의 문을 열 수 있는 개방 전략은 모든 연구 분야에 속한 투명한, 그러나 종종 표명되지 않는 관행을 더 의식하려고 노력하는 것이다. 자기 분야의 사료를 가지고 어떻게 작업하는지 실제로 설명하는 역사가는 거의 없다. 연구자가 아카이브에서 또는 책을 읽을 때 수행하는 첫 번째 절차는 무엇인가? 데이터 과학자에게도 같은 질문을 할 수 있다. 데이터 세트의 기본 사례는 무엇인가?

성공적인 범학제적 작업은 이러한 명확하지 않은 절차가 무엇인지부터 식별해야 한다. 이러한 습관적인 과정은 전통에 따라 계승되고 학업 커리큘럼으로 육성되지만, 단 몇 줄로 요약되는 경우는 거의 없다. 따라서 실제로 작업하는 방식을 이해하면, 빅데이터 및 여타 디지털 자료를 가지고 수행하는 공동기획이 연구자들을 어디로 이끌지 더 잘 이해할 수 있다.

5장

디지털 시대의 과거 전시

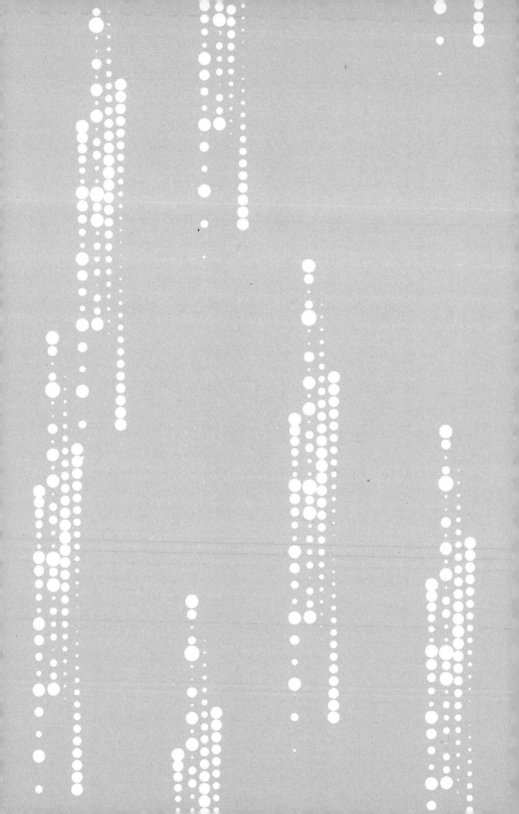

1990년대 초부터 디지털 역사의 중심에 정보기술이 만든 기회를 활용하여 과거를 연구하고, 더 나아가 학교 교실과 일반 대중 앞에 과거를 전시하려는 노력이 있었다. 2006년, 다니엘 코헨과 로이 로젠즈윅은《디지털 역사: 웹상에 과거를 수집하고, 보존하고, 전시하는 지침》을 출판했다. 두 사람은 월드와이드웹에서 역사 콘텐츠의 엄청난 확장에 대응하고자 책을 저술했다고 밝혔다. "거의 모든 역사 문서보관소, 역사학회, 고명한 집안, 유적지 등 규모가 작은 곳조차도 자체 웹사이트가 있다. 거의 모든 재연 단체, 족보학회, 역사 애호가들도 똑같다."[1]

1990년대 초부터 2006년까지 일어난 변화는 매우 중요하다. 디지털 자원이 크게 증가했기 때문이다. 이제 역사가들의 정보기술 사용은 당연한 일이 되었고, 적어도 무시할 수 없는 차원이 되었다.

이 장에서는 디지털 도구를 사용하여 과거를 전시하는 디지털 역사가의 관심으로 되돌아간다. 이어서 디지털 역사를 공공 역사로 논의하고, 데이터 시각화 가능성에 주목한다. 그리고 나서 증강현실/혼합현실로 알려진 기술과 이 기술이 디지털 역사가에게 갖는

잠재력을 살펴본다.

공공을 위한 디지털 역사

코헨과 로젠즈윅의 공동저작이 나온 2006년 이후, 역사 사료와 서비스에 대한 유용한 단행본 지침서를 쓰는 일이 불가능해질 정도로 온라인 자료가 폭발적으로 급증했다. 월드와이드웹 초창기에 인터넷 사용자가 역사 프로젝트 홈페이지를 제작하려면 HTML 코드에 익숙해져야 했지만, 오늘날에는 WordPress, Blogspot 및 여타 서비스에서 제공하는 사용하기 쉬운 템플릿과 풍부한 콘텐츠가 있다.

최근 수십 년 사이에 고고학 발굴에서 고대와 현대의 고전, 기타 수많은 주제에 관한 메타데이터와 역사 사료를 제공하는 데이터베이스가 탄생했다. 2010년 영국 케임브리지대학과 스웨덴 우메오대학의 연구진들은 비잔틴제국의 유대인 공동체에 관한 연구 결과를 다른 학자와 대중도 볼 수 있도록 공개 데이터베이스로 발표했다.[2]

또 다른 흥미로운 프로젝트는 2007년에 시작된 앤드류 토겟의 텍사스 노예제 프로젝트로, '1820년부터 1850년 사이의 수십 년 동안 미국과 멕시코 사이 국경지대에 미국 노예제도가 확산된 양상'을 조사했다. 이 프로젝트는 텍사스의 노예 및 노예 소유자의 흐름을 설명하는 대화형 지도 외에도 인구 데이터베이스를 제공하는데, 이를 통해 이용자가 노예제 역사를 통해 여러 가지를 발견할 수 있도록 돕는다.[3] 박사논문 프로젝트에서 시작된 토겟의 데이터베이스는 교사와 학생 및 기타 연구자들이 참고할 수 있는 디지털 플랫폼으로 심화 발전하였다.[4] 이는 디지털 역사와 공공 역사를 성공적으로 결합한 사례이다. 텍사스 노예제 프로젝트는 디지털 자원의 성장에 이바지하려는 열정에서 상향식bottom-up 프로젝트로 시작되었다.

이러한 사례는 수없이 많지만, 2015년과 2016년 콜롬비아공화국의 콜롬비아국립대학교 학부생 그룹이 시작한 프로젝트를 하나 더 살펴보자. 디지털 역사와 중세 역사 수업 수강생들은 강의에 등장한 피렌체 예술가 암브로조 로렌체티(1290~1348)의 프레스코화 이미지와 분석을 모두 게시한 로렌체티 디지털Lorenzetti Digital이라는 웹사이트를 구축했다. 여기서 디지털 역사는 텍스트 정보와 시각성이 혼합된 형태로 인터넷을 통해 역사적 지식을 전시하려는 노력으로 나타난다.[5]

디지털 역사가 인터넷에서만 사는 게 아니라는 건 분명하다. 교사와 강연자로서 역사가들이 수행하는 작업이 정보기술을 기반으로 하기 때문이다. 특히 2000년대 들어 데이터 프로젝터data projector가 학술여행을 하는 역사가의 가장 친한 친구가 되었다. 파워포인트PowerPoint는 최근 수십 년 사이에 국제회의실과 교실에서 개별 프레젠테이션 때 사용하는 가장 인기 있는 도구가 되었다. 첫 번째 파워포인트 버전은 (제작이 번거로운 슬라이드를 대체할) 오버헤드 프로젝선용 투명 필름 용도로 1987년에 도입되었지만, 투명 필름의 시대는 이내 끝났다. 1990년대 초 대학에는 여전히 35mm 슬라이드용 프로젝터가 있었지만, 프레젠테이션에 컴퓨터를 사용하면서 점차 디지털 프로젝터로 대체되었다. 1992년 선보인 세 번째 파워포인트 버전은 비디오 신호 출력 방식을 도입하여 디지털 슬라이드쇼가 가능했다.[6] 디지털 역사가에게 단어와 지도, 정지 이미지와 움직이는 이미지를 강의 프레젠테이션에 통합할 가능성이 열린 것이다. 마침내 역사 수업이 다중모드 특성을 갖추게 되었다.

유진 청과 빈센트 개프니는 "시각화 기술은 존재감을 불러일으킬 수 있는 강력한 도구를 제공한다"고 지적했다.[7] 진실로 디지털 역사는 청중에게 존재감뿐 아니라 역사를 사유하는 방식을 변형시키는 감각 경험을 제공하는 수단으로 사용될 수 있다.

데이터의 시각화

우리 세계는 시각화되었다. 따라서 역사가도 사람들과 같은 언어로 말할 수 있는 것이 점점 더 중요해지고 있다. 즉, 주제가 무엇이든 시각 용어로 연구 결과를 해석할 수 있어야 한다. 시각화는 시각적 혹은 비시각적 데이터를 구성하고 분석하는 전략이지만, 결과를 전시하는 전략이기도 하다. 디지털 인문학 역사의 시각화는, 프랑코 모레티가 멀리서 읽기 아이디어와 문학사에 대한 접근 방식을 다루면서 이미 의제로 삼은 바 있다. 이는 2000년대 디지털 학계에 지대한 영향을 미쳤다.

이번 장에서는 학문적 맥락에서 시각화 문제를 논의한 다음, 시각 및 시청각 기술이 사용된 방식을 연달아 고찰해 보려 한다. 이것은 디지털 기술을 통해 과거가 어떻게 전시되는지에 대한 두 가지 측면에 해당한다.

2005년《그래프, 지도, 나무: 문학사를 위한 추상적 모델》에서 주장했듯이, 모레티에게 시각화는 컴퓨터 계산 방법을 통해 도달한 관찰을 종합하는 수단으로 이바지했다. 모레티의 주장은 "의도적인 축소와 추상화"가 필요하다는 것이었고, 다른 연구 분야에서 영감을 받은 그는 "수량의 역사로부터 그래프를, 지리학으로부터 지도를, 진화론으로부터 나무를" 가져왔다.[8]

물론 그래프는 항상 정량적 방법을 사용하는 경제사회사가들이 다루는 도구 상자의 일부이다. 이러한 측면과 통계적 전문 지식을 활용해야 할 필요성은 1960~70년대 역사가들 사이에서 특히 인기가 있었다. 그런 의미에서, 많은 수량 역사가들이 이 오래된 전통과

새로운 디지털 역사에 친밀감을 느낄 수 있다. 그러나 모레티에게
이것은 뭔가 다른 것이었는데, 특히 추상화에 도움이 되는 통계를
보는 방식이 달랐다.

취급하는 데이터를 평가할 필요 때문에라도 디지털 역사가에게
는 통계 도구가 필요하다. 여기서 질문이 나온다. 연구에 사용될 데
이터 세트의 비율을 청중에게 명확하게 설명할 방법은 무엇인가?

빅데이터 연구에서, 연구지는 먼저 데이터 세트를 숫자로 설명해
야 한다. 예를 들어, 텍스트 집적체의 경우에 얼마나 많은 문자와 단
어, 줄, 쪽, 문제 또는 책의 숫자가 있는지, 그리고 데이터 세트의 단
어 빈도, 가장 일반적인 단어 배열, 즉 자료에서 함께 발생하는 경향
이 있는 일련의 단어를 알아내야 한다.[9] 이러한 비율은 그 자체로 독
자가 자료의 크기와 품질을 빠르게 파악하는 데에 도움이 된다. 그
러나 여기서 시각화는 요구되지 않는다. 텍스트와 숫자 형태면 충
부하다. 텍스트 집적체 분석에 쓰이는 프리웨어 툴키트인 AntConc
처럼 이러한 속성을 쉽게 계산해 주는 도구가 있다.[10] 쉽게 테스트할
수 있는 무료 시각화 프로그램도 있다. 가장 인기 있는 도구 중 하나
는 웹 기반의 텍스트 분석과 시각화 앱인 Voyant Tools이다.[11]

예를 들어, 이번 장의 전체 텍스트를 구성하는 단어 빈도를 표시
하고자 Voyant Tools에 업로드했다고 하자(〈그림 4〉 참조).〔영어 원
서 기준〕본 장의 전체 텍스트에 사용된 단어는 486개이고, 가장 빈

〈그림4〉 5장 첫 부분의 시각화

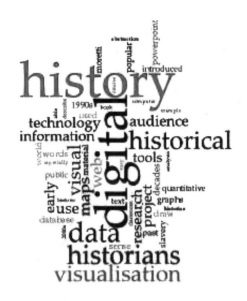

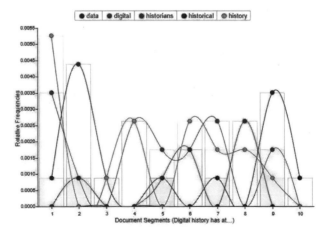

이미지 출처: Voyant Tools

번하게 나온 단어는 당연히 '역사'(18회)와 '디지털'(17회)이다. 또, 나열된 단어 수에 따라 크기가 조정되는 단어 클라우드가 제공된다. 위쪽 이미지는 가장 자주 사용되는 25개 단어를 클라우드로 표시하고, 아래쪽 이미지는 문서에서 가장 자주 사용되는 5개 단어의 상대적 빈도와 추세를 보여 준다. 가령, '역사'라는 단어의 사용은 텍스트의 시작 부분에서 더 큰 비중을 차지하는 것이 보인다.

이 이미지는 짧은 텍스트를 예시로 보여 주고, 그래프는 표면에만 닿는다. 더 중요한 것은, 시각화 기술이 새로운 정보를 추출하고 세부 사항에서 거리를 두는 연구 전략일 수 있지만 독자와 청중에게도 서비스를 제공한다는 점이다. 디지털 인문학 연구자들 사이에서 인기 있는 소프트웨어는 이용자가 그래프와 네트워크를 만들 수 있는 오픈소스 데이터 시각화 도구 Gephi이다. 여기에는 소셜네트워크 분석, 사물 간 연관성의 기본 구조 연구, 포스터 및 기타 프레젠테이션을 위한 인쇄 가능한 지도 제작과 같은 여러 응용 프로그램이 포함되어 있다.[12] 예를 들어, 19세기 언론 연구에서 Gephi는 신문이 서로의 콘텐츠를 공유하는 방법과 이 공유 정도에 따라 신문들이 네트워크 내부에서 연결하는 방식을 탐구하는 데에 사용되었다. 흥미롭게도 이 네트워크는 시간이 지남에 따라 상당히 변했고, 이 변화는 서로 다른 기간에 대한 Gephi 네트워크 그래프를 그려서 설명할 수 있다.[13]

2015년 슈테판 야니케 등은 학자들의 연구 논문을 분석하여 시각화 기술을 조사했다. 그 결과 두 가지 사실을 알아냈다. 첫째, 시각화의 역할이 2011년 이후 상승 곡선에서 증가했다는 사실이다.[14] 둘째, 시각화의 문제는 멀리서 읽기 아이디어에서 파생된 것이 아니라는 점이다. 이는 디지털 시대의 인문학계가 가까이 읽기의 표명이라서 더 잘 설명할 수 있는 시각화 기술이 포함된 것처럼 보이기 때문에 나온 결론이다.

가까이 읽기 기술은 세부 사항에 집중한 결과물을 시각화하려고 한다. 예를 들어, 색상 및 글꼴 크기에 대한 강조, 상형문자의 사용 및 세부 사항 간의 연결을 나타내는 목표가 포함된다. 반대로 멀리서 읽기의 시각화 기술은 구조를 강조하고, 히트 맵, 태그 클라우드, 타임라인, 지도 및 그래프를 그린다. 전자의 기술은 종종 단일 텍스트나 병렬 텍스트의 분석 시 사용되고, 후자는 시각화 과정에서 공간과 시간 차원까지 캡처해야 하는 방대한 집적체를 다룬다.[15]

더 나아가, 야니케 등이 발표한 논문은 디지털 인문학 커뮤니티가 "HTML, JavaScript, SVG나 GIS와 같은 표준 기술의 도움으로" 시각화를 완성했지만, 기존의 툴킷은 종종 "텍스트 데이터를 시각적 은유로 변환"[16]하는 데에 사용되었다고 했다. 예를 들어, D3, Prefuse, ManyEyes가 이러한 툴킷에 포함된다.[17] 그래프에서는 Gephi가 가장 인기 있는 도구였고, 지리 지도에서는 D3, Neatline, GeoTemCo

가 가장 인기가 있었다.[18] 다른 툴킷으로는 InfoVis, FeatureLens, TextArc가 있다.[19]

2015년 설문조사 결과, 가용한 라이브러리 및 소프트웨어의 배열은 훨씬 많아졌다. 많은 웹사이트에 다양한 시각화 도구가 포함되고 연구에 유용한 도구가 도입되었다.[20] 이 모든 것은 디지털 인문학, 더 나아가 디지털 역사에서도 연구 과정의 일부로서, 또 연구 결과를 청중에게 전시하는 방법으로서 시각화의 필요성을 보여 준다.

시간에 따른 변화의 전시

과거를 전시하는 방법의 관점에서 볼 때, 과거 시각화 논의는 상당히 제한적이고 기술적이었다. 데이터 세트의 시각화는 디지털 역사가가 연구 결과를 전달하는 데에 중요하다. 특히 청중에게 중요한 역사적 해석을 제시할 때, 시각화는 시간에 따른 변화를 구체화할 솔루션을 탐구하는 것만큼이나 중요하다. 그렇다면, 시간에 따른 점진적인 변화를 어떻게 포착할 것인가?

디지털 인문학에서 개발된 많은 도구는 통계 발표나 역사적인 특정 시점에서의 상황을 설명하는 데에 적합하다. 그래서 많은 역사적 조사가 그래프와 도표를 제공하면서 연구 주제가 시간 축에서 어떻게 발전했는지를 보여 준다. 연구 결과를 데이터베이스로 공개하여, 이용자가 시간 프레임을 조정하면서 시점에 따른 변화를 관찰할 수 있다.

변화를 시각화하고자 비디오 프레젠테이션도 사용되었다. 19세기 미국 언론의 텍스트 재사용 분석을 목표로 한 바이럴 텍스트 프로젝트는, 19세기 미국 신문의 특정 텍스트가 어떻게 시간 여행을 하는지를 보여 주는 여러 온라인 비디오를 선보였다. 이 프로젝트에는 남북전쟁 이전에 발행된 신문에 실린 찰스 맥케이의 시 〈탐구〉의 확산을 다룬 비디오[21]와, 찰스 디킨슨Charles M. Dickinson의 유명한 시詩 〈아이들〉이 발표되자마자 찰스 디킨스Charles Dickens의 시로 오인되는 바이럴 확산이 포함되어 있다.[22]

19세기 초 유럽의 바이럴 문화Viral Culture in 19th Century Early Europe 프로젝트는 1839~1847년에 프란츠 리스트의 유럽 콘서트 투어를 다룬 비디오를 선보였고,[23] 영국의 유튜버 올리 바이Ollie Bye는 19분짜리 세계사를 포함해 여러 역사 비디오를 게시했다.[24] 이 모든 경우에 시간과 공간은 불가분의 관계로 얽혀 있으며, 시간적 진행은 지리 지도에서 오버레이overlays를 변경하는 것으로 시각화된다. 이러한 대규모 비디오 시각화의 문제점은 시간성을 선형적인 방식으로, 한 시점에서 다른 시점으로 나아가는 직선적인 발전으로 제시하는 경향이 있다는 점이다.

비디오는 종종 시간 척도를 압축하여 시간의 흐름을 시뮬레이션한다. 물론 시간성을 공간 차원으로 변환하는 것도 가능한데, 다른 타임라인 응용 프로그램을 사용하면 된다. 이를 위해 노스웨스턴 대학의 나이트 연구실Knight Lab은 이용자가 쌍방향 타임라인을 구축할 수 있는 무료 도구 TimelineJS를 개발했다. 웹사이트 인터페이스를 통해 데이터를 구글 스프레드 시트나 JSON 파일로 추가하면, TimelineJS는 추가 텍스트와 이미지, 비디오 및 사용자가 라인에 추가하려는 모든 것이 포함된 타임라인을 보여 주는 웹페이지를 생성한다. 60개 언어로 제공되는 이 소프트웨어는, 프랑스 신문 《르 몽드》부터 텔레비전 채널 CNN에 이르기까지 전 세계 주요 미디어에 쓰이고 있다.[25]

타임라인 앱은 사용하기 쉽지만, 비판적 주의도 필요하다. 오늘날 역사 연구에서 서로 다르고 중첩되는 시간 리듬에 관한 질문이 점점 더 큰 관심을 받고 있다.[26] 과거를 타임라인으로 제시할 때에는 그 초점을 명확하게 설명해야 한다. 역사는 동시에 존재하는 여러 시간성으로 구성되기 때문이다.

증강현실과 혼합현실

앞서 언급한 사례들은 다양한 공공 역사 프로젝트로 풍부해질 수 있었다. 이러한 시각화 프로젝트는 디지털 기술의 최근 발전을 이끌고, 특히 역사의 경험성, 즉 과거의 삶에 대한 감각을 강조함으로써 사람들의 관심을 불러일으킬 수 있었다. 가장 활발한 연구 개발 분야 중 하나가 1990년대에 등장한 '가상현실VR'이다.

VR은 몰입형 인공 디지털 환경을 만들려는 노력의 일환이었다. 1990년대에는 이러한 환경이 다소 거칠었다면, 오늘날의 VR은 게임뿐만 아니라 조종사 훈련 같은 실용적인 분야에도 많이 사용되는 정교한 문화 생산 분야에 속한다.

1990년 미국 보잉사의 톰 코델Tom Caudell이 만든 증강현실AR 개념은 가상현실 기반에서 구축되었다. 증강현실은 관찰자의 인식이 실제 환경 위에 겹쳐진 가상 물체로 제공되는 것을 의미한다. 혼합현실MR은 디지털 개체를 오버레이할 뿐만 아니라 실제 세계에 고정하여 조금 더 나아간다. 따라서 가상 객체와 물리적 객체가 실시간으로 공존할 수 있게 된다. 이러한 의미에서 혼합현실은 물리적 세계와 가상 세계 사이의 하이브리드를 제시하는 것을 목표로 삼는다.[27]

따라서 혼합현실의 목표는 현실 세계와 디지털 세계의 요소를 융합하여 현장감을 제공하는 것이다. 디지털 역사 프로젝트에서 혼합현실을 사용하면, 서로 다른 시간 계층과 역사적 기간을 혼합하여 시간적 거리와 친화력을 동시에 표현할 수 있다. 그에 따라, 교육과 관광, 에듀테인먼트와 같은 다양한 목적에 쓰일 수 있다. 제니퍼 챌레너와 마민화가 쓴 것처럼, 이 기술은 "헤드마운트 디스플레이HMD 〔머리 부분 탑재형 디스플레이〕와 휴대전화, 태블릿 및 휴대용 게임 콘솔 같은 스마트 장치의 보급으로 지난 10년 동안 상업 및 연구 프로젝트에서 빠르게 실행 가능해졌다."[28]

가장 인기 있는 증강현실과 혼합현실 겸용 앱은 게임으로, 2016년 '포켓몬 GO' 게임의 성공으로 전 세계 수백만 명의 사람들에게 알려지게 되었다. 혼합현실 응용 프로그램은 박물관, 관광 활동, 역사 수업에도 성공적으로 활용되었고, 교육 활동가를 위한 이 기술의 과제와 가능성에 대한 학술 문헌이 계속 확대 생산되고 있다.

증강현실 앱은 종종 몰입형 학습이라는 아이디어와 연계된다. 이 앱들은 역사 교육에 재미 요소를 추가하고 학습에 대한 쌍방향적 자극을 제공하는 것을 목표로 삼는다.[29] 대부분 이집트 석관이나 로마 선박 같은 역사적 물체, 아니면 1666년 런던과 같은 시대 배경을 구현하여 학교 교실에서 사용된다.[30]

대규모 증강현실 장비를 선보인 박물관도 있다. 싱가포르 국립 박물관은 일본 디지털 아트 집단 teamLab이 만든 유리형 로툰다 Rotunda〔원형 건물〕에서 '숲 이야기'라는 제목의 전시를 선보였다. 3D

애니메이션으로 변환된 윌리엄 파커William Farquhar의 자연사 드로잉 컬렉션(19세기 싱가포르의 초대 총독인 파커가 무명의 중국 미술가들에게 의뢰하여 그린 477점의 수채화)의 60개 그림을 기반으로 한 이 몰입형 설치물은 싱가포르의 동식물뿐만 아니라 식민지의 과거와 현재의 관심사를 탐구한다. 방문객은 입장하기 전에 무료 앱을 내려받고, 전시관에 추가된 증강현실 요소로 더 많은 것을 배울 수 있다.[31]

　증강현실과 혼합현실 분야에는 디지털 역사가를 위한 응용 프로그램이 많다. 이 프로그램들은 과거와 현재가 만날 뿐만 아니라 서로 대화하는 몰입형 세계의 구축에서 역사적 지식이 수행해야 할 역할에 대한 이론적 질문을 제기한다.[32] 증강현실과 혼합현실은 사회적 참여를 장려하는 동시에, 연구가 제기하는 질문에 답하는 방식으로 만들 수도 있다. 실제로 혼합현실 기술은 손실되거나 파괴된 건축 환경을 역사적으로 복원하는 데에 성공적으로 사용되었다.[33] 2017년 MIRACLE 프로젝트는 유적지와 박물관에서 사용된 여러 가지 응용 데모 프로그램을 제작했다. 이 프로젝트는 또한 혼합현실의 이점과 위험성에 대한 분석을 포함하여, 문화 및 학습 경험을 위한 혼합현실 응용 프로그램에 대한 안내서를 제작했다.[34]

시간 여행

최근 몇 년 동안 연구와 교육, 사회봉사 활동에서 디지털 역사를 강화하는 대규모 프로젝트가 시작되었다. 가장 야심 찬 기획물 중 하나는 전 유럽을 포괄하는 **Time Machine** 프로젝트이다. 이 프로젝트는 스마트 스캐닝 기술로 역사 컬렉션의 대량 디지털화를 구현하고, 현재 유럽 대륙 진역에 흩어져 있는 지료를 모으고, 증강현실과 혼합현실 앱을 적용하여 2천 년 유럽 문화사의 잠재력을 드러내는 것을 목표로 삼고 있다.[35]

이 프로젝트는 2012년 스위스 로잔연방공과대학교와 베니스 카포스카리대학이 시작한 베니스 타임머신에서 영감을 받았다. 베니스 타임머신은 도시의 개방형 디지털 아카이브의 출입구 역할을 할 수 있는 베니스의 다차원적 디지털 모델을 생성하려는 아이디어에서 출발했다.[36] 물론 타임머신은 강력한 은유에 해당한다. 이 타임머신은 소설가 허버트 조지 웰스의 정신에 따른 시간 여행을 허용하지는 않지만, 디지털 기술이 모든 이용자에게 역사를 탐구하고 현재와 과거 간의 유익하고 창의적인 대화에 참여할 수 있는 도구를 제공할 수 있다는 생각을 뒷받침한다.

공공 역사는 1990년대부터 디지털 역사에 필수적인 요소였고, 새로운 기술 및 연구 환경과 함께 앞으로도 계속 그런 요소로 남을 것이다. 역사의 전시는 우리가 점점 더 많이 의식하게 되는 윤리적 약속을 포함한다. 역사는 적극적인 지식의 방식이며, 모든 사람에게 속한다. 그러므로 역사가는 다른 연구자 및 일반 대중과 함께 대화해야 한다. 오늘날 역사가들은 무료 온라인 출판물뿐만 아니라, 블로그 게시물에서 데이터베이스, 소셜미디어 업데이트에서 선별된 서비스에 이르기까지 다양한 서사 가능성을 허용하는 디지털 기술을 이용해 연구 성과를 선보이고 있다. 이러한 작업을 통해 디지털 역사는 우리 시대에 참여할 수 있는 도구와 통찰력을 제공한다.

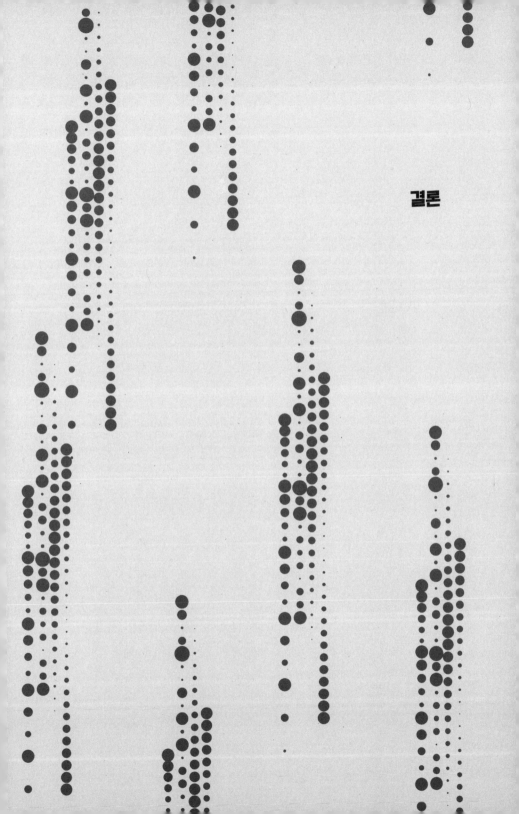

결론

2018년에 마렉 탐과 피터 버크는 '현재 학문 분야의 이론적·방법론적 의제에서 최상위에 있는 문제'를 다루는 편집본《역사에 대한 새로운 접근 방식에 대한 논쟁》을 발표했다. 여기서 쟁점이 된 장르에는 지구사, 탈식민지 역사, 신경정신 역사, 포스트휴머니스트 역사와 같은 분야와 함께 디지털 역사가 포함되었다.[1]

탐과 버크의 책과 이 주제를 다룬 논문들에서 디지털과 역사의 교차점은 두 가지 층위의 의미를 갖는다. 첫째는 디지털 시대 역사 연구의 파급효과에 대한 한층 더 폭넓은 시각을 취한다는 것이다. 탐은 이 첫 번째 해석을 구체화하여 "인터넷이든 텍스트 처리 프로그램이든 디지털 기술이 제공하는 수단을 사용하기 때문에, 오늘날의 역사가는 모두 디지털 역사가"라고 썼다.[2]

디지털 역사에 대한 더 좁은 정의는, 디지털 기술과 컴퓨터 계산 방법이 과거 연구뿐만 아니라 학계 독자층과 더 넓은 대중을 위해 전시할 때 사용되는 역사적 연구를 의미한다. 이 책《디지털 역사란 무엇인가》는 바로 이러한 견해에 동의한다. 이 책은 모든 역사가가 디지털 도구의 사용을 고려할 필요성을 강조했고, 공공 역사가 수십 년 동안 역사학 실천 분야의 중심에 있었기 때문에 공공 역사의 중요성을 특별히 강조했다. 그리고 디지털 인문학의 더 넓은 지붕 아래에서 싹튼 컴퓨터 계산 방법과 연구 결과물에 동참할 필요성을 강조했다.

《2019 디지털 인문학 논쟁》을 편집한 링컨 뮬렌은 문제 해결과 방법론이 이 분야의 핵심이라는 것이 "디지털 역사를 관찰하는 사람들에게는 명백하다"고 말했다. "디지털 역사는 다른 형태의 역사보다 더 많은 방법으로 거래된다. 디지털 역사가들은 연구와 교육용 도구와 소프트웨어를 사용하는 방법에 대한 자습서를 작성하고 읽는 것을 즐긴다. 그들은 그 방법들을 워크숍에서 가르치고 줄을 서서 워크숍에 참석한다."[3]

디지털 역사 교육용 지침서와 자습서를 만들기 위해 많은 작업이 수행되었다는 의미다. 역사가들은 그 어느 때보다 컴퓨터 계산법을 익히고 디지털 인문학을 배우고자 한다. 교수법 개발과 관련 기술 축적은 분명 새로운 도전 과제에 직면할 때 나타나는 명백한 불확실성을 완화하는 동시에, 디지털 역사와 관련된 학생 및 연구자의 숫자를 늘리는 데에 기여한다. 방법론에 초점을 맞추다 보면 자연스럽게 범학제적 연구에 눈을 돌리게 된다. 문제해결식 사고방식은 다른 연구 분야와의 공통점을 찾는 데에 도움이 되기 때문이다.

방법론에 대한 관심과 민감성은 역사학은 물론이고 다른 인문학 연구 분야들 틈에서 디지털 역사가 어엿한 연구 영역으로서 자리 잡았음을 나타내는 신호일 수 있다. 이제는 디지털 자료와 도구가 너무 널리 사용되어 디지털의 '새로움'이나 특수성을 강조하는 단어가 필요하지 않고, 미래에는 '디지털'이라는 단어가 쓸모없어질 것이라는 주장도 제기된다. 《역사에 대한 새로운 접근 방식에 대한 논쟁》에 기고한 논문에서, 제인 윈터스는 이 아이디어에 대해 다음과 같이 논평한다.

모든 연구, 모든 역사가 어떤 의미에서 디지털이라면, 수식어가 왜 필요할까? 우리는 디지털 역사를 언급하는 것이 기이해 보이는 지점에 도달할 것이다. 각각의 새로운 디지털 도구의 출현, 새로 디지털화된 각각의 1차 자료의 게시에 대해 흥분했던 때로의 후퇴 지점 말이다. 그러나 우리는 아직 거기에 서 있지 않다. … 우리는 디지털 기술이 우리를 어디로 이끌 것인지, 역사적 분석을 위해 디지털 기술을 어떻게 형성하거나 변형시킬지 알지 못한다.[4]

미래가 우리를 어디로 이끌지, 기술과 기술이 가능하게 하는 방법론이 어떻게 발전할지 아직 모른다는 윈터스의 말은 옳다. 오늘날의 도서관 및 아카이브와 같이, 과거 데이터 세트의 유지 관리자와 상용 서비스도 연구자들의 필요에 맞는 맞춤형 도구를 제공한다는 점은 분명해 보인다. 비록 컴퓨터 속을 들여다볼 수는 없더라도, 오늘날의 역사가는 컴퓨터 계산 방법으로 이전보다 더 쉽게 연구 주제를 테스트할 수 있게 되었다.

2018년, 게일 사ᵃ는 디지털 스콜라 랩Digital Scholar Lab을 도입하여 이용자가 18세기 온라인 컬렉션이나 영국 도서관 또는 신문 같은 데이터 세트를 활용하고 명명된 실체 인식, 토픽 모델링 및 감정 분석과 같은 다양한 텍스트 마이닝 도구를 실험할 수 있게 했다.[5] 이러한 응용 프로그램이 미래에 어떻게 더 발전할지, 연구자가 기성 도구를 적용하는 차원을 넘어 향상시키는 데에 참여한다는 측면에서 통합 서비스가 연구자들에게 어떤 가능성을 제공할지 지켜보는 것은 매혹적인 일이 될 것이다.

토니 웰러는 2013년《디지털 시대의 역사》서문에서 디지털 역사의 미래를 논하며 다음과 같이 선언했다. "디지털 역사는 흥미롭고 미래지향적인 탐구 분야이지만, 기술과 디지털 도구에 집중한다는 것 자체가 전통적인 역사가들로부터 소외될 수 있음을 의미한다."[6]

의심할 여지 없이, 디지털 역사는 디지털 자료와 디지털 도구를 활용하는 탐구 분야이자, 새로운 연구 방법을 찾아 전산 방법을 발전시키는 분야로 이해되어야 한다. 그렇지 않으면 디지털 역사는 드넓은 역사 연구 분야에서 동떨어진, 그러나 여전히 필수적인 흐름으로 남게 될 것이다. 디지털 역사가 발전하려면, 스스로 학습하고 기술을 연마해서 프로그램에 능통한 역사가가 필요하다. 그리고 서로 알려 주고 배우며 안내서와 자습서에는 나오지 않는 새로운 방법론을 찾는 범학제적 연구 집단이 필요하다. 더 나아가, 관심 있는 모든 사람이 적용할 수 있는 도구와 서비스를 개발하는 데에 필수적인 대규모 기관 네트워크와의 협력이 있어야 한다.

이런 의미에서, '디지털 역사란 무엇인가'라는 질문에 대한 나의 답변은 분명하다. 디지털 역사는 우리가 과거를 이해하고 탐구하고 전시하는 방식을 확대하고자 새로운 생각과 새로운 가능성을 실험하는 끊임없이 변화하는 과정이다.

미주 ───

서론

1   Gere, Charlie, *Digital Culture*, London: Reaktion Books, 2002.

2   Stevenson, Angus ed., *Oxford Dictionary of English*, 3판, Oxford: Oxford University Press, 2010, p. 490.

3   Campbell-Kelly, Martin; Garcia-Swartz, Daniel D., *From Mainframes to Smartphones: A History of the International Computer Industry*, Cambridge, MA: Harvard University Press, 2015. 특히 1장과 2장 참고.

4   Barry, Peter; Patrick Crowley, *Modern Embedded Computing: Designing Connected, Pervasive, Media-Rich Systems*, Elsevier: Amsterdam, 2012, pp. 23-4.

5   '왓슨의 말'의 진정성을 의심하는 사람은 많지 않다. 예컨대, Himanen, Pekka, *The Hacker Ethic and the Spirit of the Information Age*, New York: Random House, 2001.

6   Briggs, Asa; Burke, Peter, *A Social History of the Media: From Gutenberg to the Internet*, 3판, Cambridge: Polity, 2009, pp. 241-2.

7   Campbell-Kelly, Garcia-Swartz, *From Mainframes to Smartphones*, pp. 105-23.

8   Schofield, Hugh, 'Minitel: The rise and fall of the France-wide web', *BBC News Magazine* (Paris), 28. June 2012, https://www.bbc.com/news/magazine-18610692.

9   Balbi, Gabriele; Magaudda, Paolo; *A History of Digital Media: An Intermedia and Global Perspective*, New York: Routledge, 2018.

10 Group, Bangemann, 'Europe and the global information society', *Growth, Competitiveness and Employment. White Paper Follow-up*, Luxembourg: Office for Official Publications of the European Communities,1994. http://aei.pitt.edu/1199/1/info_society_bangeman_report. Pdf.

11 예컨대, 일본에서는 밀레니엄 전환기에 'e-Japan' 구축이 새로운 국가 IT 전략으로 채택되었다. Bachnik, Jane M., 'Introduction: Social challenges to the IT revolution in Japanese education', Jane M. Bachnik ed., *Roadblocks on the Information Highway: The IT Revolution in Japanese Education*, Lanham, MD: Lexington Books, 2003, pp. 3-6. 일본의 기술사에 대해서는 Morris-Suzuki, Tessa, *The Technological Transformation of Japan: From the Seventeenth to the Twenty-first Century*, Melbourne: Cambridge University Press, 1994.

12 Virginia Center for Digital History, website capture, 28. April 1999, https://web.archive.org/web/19990428182149/ http://vcdh.virginia.edu/.

13 Cohen, Daniel J. et al, 'Interchange: The promise of digital history', *The Journal of American History* 95 (2), 2008, pp. 452-91.

14 로젠즈윅의 정의는, Digital History, SHSU Library. https://shsulibrary guides.org/ digitalhistory.

15 Robertson, Stephen, 'The differences between digital humanities and digital history', Lauren F. Klein, Matthew K. Gold eds., *Debates in the Digital Humanities 2016*, Minneapolis, MN: University of Minnesota Press, 2016.

16 Seefeldt, Douglas; Thomas, William G., 'What is digital history?', *Perspectives on History: The newsmagazine of the American Historical Association*, 1. May 2009. https://www.historians.org/publications-and-directories/perspectives-on-history/ may-2009/ what-is-digital-history.

17 Jones, Steven E., *Roberto Busa, S. J., and the Emergence of Humanities Computing: The Priest and the Punched Cards*, New York: Routledge, 2016.

18 Winters, Jane, 'Digital history', Marek Tamm, Peter Burke eds., *Debating New Approaches to History*, Kindle edition, New York: Bloomsbury Academic, 2018.

19 Paju, Petri, 'International collaboration and Finland in the early years of computer-assisted history research: Combining influences from Nordic and Soviet Baltic historians', *Proceedings of the 4th Digital Humanities in the Nordic Countries, Copenhagen, 6-8. March 2019*, pp. 349-57. http://ceur-ws.org/Vol-2364/31_paper. pdf.

20 Terras, Melissa, 'Quantifying digital humanities', UCL Centre for Digital Humanities, 2011. https://www.ucl.ac.uk/ infostudies/melissa-terras/DigitalHumanitiesInfographic. pdf.

1장 디지털 과거와 자료 문제

1 Braudel, Fernand, *La Méditerranée et le Monde Méditerranéen a l'époque de Philippe II*, 3 vols., Paris: Armand Colin, 1949; Braudel, Fernand, *The Mediterranean and the Mediterranean World in the Age of Philip II*, trans., Siân Reynolds, 2 vols., Berkeley, CA: University of California Press, 1995; Braudel, Fernand, *Civilisation matérielle, économie et capitalisme, XVe-XVIIIe siècle*, Paris: Armand Colin, 1967-1979; Braudel, Fernand, *Civilization and Capitalism, 15th-18thCentury*, trans., Siân Reynolds, 3 vols., Berkeley, CA: University of California Press, 1992. 장기지속 역사 연구에 대해서는 Guldi, Jo; Armitage, David, *The History Manifesto*, Cambridge: Cambridge University Press, 2014, pp. 14-37을 보라.

2 Winters, 'Digital history'; Paju, 'International collaboration and Finland in the early years of computer-assisted history research'; Hudson, Pat; Ishizu, Mina, *History by Numbers: An Introduction to Quantitative Approaches*, London: Bloomsbury Academic, 2016.

3 Kleinberg, Ethan, *Haunting History: For a Deconstructive Approach to the Past*, Stanford, CA: Stanford University Press, 2017.

4 이 점은 디지털 쓰레기의 경우에 명백해진다. 예컨대 Parikka, Jussi, 'Introduction: The materiality of media and waste', Jussi Parikka ed., *Medianatures: The Materiality of Information Technology and Electronic Waste*, Ann Arbor, MI: Open Humanities Press, 2011.

5 Pennavaria, Katherine, *Genealogy: A Practical Guide for Librarians*, Lanham, MD: Rowman & Littlefield, 2015, p. 89.

6 Terras, Melissa M., 'The rise of digitization: An overview', Ruth Rikowski ed., *Digitisation Perspectives*, Rotterdam: Sense Publishers, 2011, p. 11.

7 Ibid., p. 4.

8 Krueger, Janice, *Cases on Electronic Records and Resource Management Implementation in Diverse Environments*, Hershey, PA: Information Science Reference, 2014, p. 108.

9 Terras, 'The rise of digitization: An overview', p. 11.

10 de Mora, Antonio Sánchez, *Digitized documents in the Archivo General de Indias: Technical advantage to preserve a historical legacy*, 2017, https://coop.hypotheses.org/ files/2017/11/ENG-Digitize-documents-in-the-ArchivoGeneral-de-Indias.pdf. 그리고 Terras, 'The rise of digitization: An overview', pp. 4-5도 보라.

11 de Mora, *Digitized documents in the Archivo General de Indias*.

12 Lohr, Steve, 'I.B.M. to help Vatican open its archives to the computing masses', *The New York Times*, 28. March 1995., p. 3.

13 좀 더 자세한 내용은 DigiVatLib. https://digi.vatlib.it.

14 Dodson, Brian, 'Vatican Library is digitizing 1.5 million pages of ancient manuscripts', *New Atlas*, 23. April 2012., https://newatlas.com/vatican-digitizing-ancient- manuscripts/22257/.

15 2016년 MIT 팀은 테라헤르츠파를 기반으로 한 솔루션을 발표했다. Hardesty, Larry, 'Judging a book through its cover: New computational imaging method identifies letters printed on first nine pages of a stack of paper', *MIT News*, 9. September 2016. http://news.mit.edu/2016/computational-imaging-method-reads-closed-books-0909; Albert Redo-Sanchez, Barmak Heshmat, Alireza Aghasi, Salman Naqvi, Mingjie Zhang, Justin Romberg, Ramesh Raskar, 'Terahertztime-gatedspectralimagingforc

ontentextractionthroughlayeredstructures', *Nature Communications*, 9. September 2016., https://www.nature.com/articles/ncomms12665.pdf.

16 Swanepoel, Marinus, *Digitization Initiatives: A Reconnaissance of the Global Landscape*, 2008. https://opus.uleth.ca/bitstream/handle/10133/2553/Digitization_initiatives.pdf. 그리고 Gilbert, Sara, *The Story of Google*, Mankato, MN: Creative Education, 2009도 보라.

17 Sutherland, Adam, *The Story of Google*, New York: The Rosen Publishing Group, 2012, p. 33.

18 Jackson, Joab, 'Google: 129 million different books have been published', *PCWorld*, 6. August 2010. https:// www.pcworld.com/article/202803/google_129_million_different_books_have_been_published.html.

19 Heyman, Stephen, 'Google Books: A complex and controversial experiment', *The New York Times*, 28. October 2015. https://www.nytimes.com/2015/10/29/arts/international/google-books-a-complex-and-controver sial-experiment.html.

20 프로젝트 구텐베르크 웹사이트 https://www. gutenberg.org/.

21 더 자세한 내용은 프로젝트 루네베르크 웹사이트 http://runeberg.org/.

22 Swanepoel, *Digitization Initiatives*.

23 컬렉션의 내용에 대해서는 http://ulib.isri.cmu.edu/ULIBOurCollections.htm.

24 UNESCO, *Unesco Memory of the World Programme. General Guidelines. Approved text December 2017*. https://en.unesco.org/sites/default/files/mow_draft_guidelines_approved_1217.pdf.

25 더 자세한 내용은 Europeana Portal, https://www. europeana.eu/portal/en.

26 'Our Mission', Europeana, https://pro.europeana.eu/our-mission/history.

27 Terras, 'The rise of digitization: An overview', pp. 6-8.

28 오스트레일리아 컬렉션에 대해서는 https://trove.nla.gov.au/newspaper/. 브라질의 Hemeroteca Digital에 대해서는 at http://bndigital.bn.gov.br/.

29 예컨대, 위키피디아의 역사신문 아카이브 목록에 대해서는 https://en.wikipedia.org/wiki/ Wikipedia:List_of_online_newspaper_archives.

30 Mann, Thomas, *The Oxford Guide to Library Research*, 4판, Oxford: Oxford University Press, 2015, p. 306.

31 Brügger, Niels; Laursen, Ditte, 'Introduction: Digital humanities, the web, and national web domains', Niels Brügger, Ditte Laursen eds., *The Historical Web and Digital Humanities: The Case of National Web Domains*, Abingdon, Oxon: Routledge, 2019, pp. 1-9.

32 역사 존재론과 인식론에 대해서는 Hacking, Ian, *Historical Ontology*, Cambridge, MA: Harvard University Press, 2022, pp. 1-9.

33 Gere, *Digital Culture*, pp. 17-38.

34 Rabinovitz, Lauren; Geil, Abraham eds., *Memory Bytes: History, Technology, and Digital Culture*, Durham, NC: Duke University Press, 2004, p. 4.

35 Google Ngram Viewer에서 'born digital'의 검색 결과에 대해서는 https://books. google.com/ngrams/graph?content=born+digital&year_start=1900&year_end =2008&corpus=15&smoothing=3&share=&direct_url=t1%3B%2Cborn%20 digital%3B%2Cc0.

36 Zielinski, Siegfried, *Audiovisionen: Kino und Fernsehen als Zwischenspiele*, Reinbek: Rowohlts Enzyklopädie, 1989.

37 Zielinski, Siegfried, *Audiovisions: Cinema and Television as Entr'actes in History*, Amsterdam: Amsterdam University Press, 1999. 이 책은 2009년 헝가리어로도 번역 되었다. *Audiovíziók A mozi és a televízió mint a törrténelem közjátékai.*

38 '바이럴'의 정의에 대해서는 *Oxford Living Dictionaries*. https://en.oxforddiction aries. com/definition/viral.

39 *Oxford Dictionary of English*, 온라인 3판, Oxford: Oxford University Press, 2015, DOI: 10.1093/acref/ 9780199571123.001.0001.

40 Fulton, Crystal; McGuinness, Claire, *Digital Detectives: Solving Information Dilemmas in an Online World*, Cambridge, MA: Chandos Publishing, 2016, p. 158.

41 KONY 2012, https://www.youtube.com/watch?v=Y4MnpzG5Sqc.

42 Rushkoff, Douglas, *Media Virus! Hidden Agendas in Popular Culture*, New York: Ballantine Books, 1994, p. 3.

43 Ibid., p. 9.

44 Parikka, Jussi, *Digital Contagions. A Media Archaeology of Computer Viruses*, Digital Formations, Vol. 44, New York: Peter Lang, 2007.

45 Rushkoff, *Media Virus!*, p. 9.

46 Parikka, *Digital Contagions.*

47 Jenkins, Henry, *Fans, Bloggers, and Gamers: Exploring Participatory Culture*, New York: New York University Press, 2006, p. 1; Jenkins, Henry, *Convergence Culture: Where Old and New Media Collide*, New York: New York University Press, 2006, p. 3.

48 Leskovec, Jure; Adamic, Lada A.; Huberman, Bernardo A., 'The dynamics of viral marketing', *ACM Trans. Web*, 1 (1), 2007, article 5. DOI 10.1145/1232722.1232727.

49 Audi, Robert, *Epistemology: A Contemporary Introduction to the Theory of Knowledge*, 2판, New York: Routledge, 2003.

50 Machine, Wayback, https://archive.org/web/.

51 Salmi, Hannu, 'Cultural history, the possible, and the principle of plenitude', *History and Theory* 50, 2011, pp. 171-87.

52　Yildiz, Melda N.; Fazal, Minaz; Ahn, Meesuk; Feirsen, Robert; Ozdemir, Sebnem eds., *Handbook of Research on Media Literacy Research and Applications Across Disciplines*, Hershey, PA: Information Science Reference, 2019, p. 237; Campbell, Patricia J.; MacKinnon, Aran; Stevens, Christy R., *An Introduction to Global Studies,* Malden, MA: Wiley-Blackwell, 2010, p. 255.

53　더 자세한 내용은 Stern, Robert L. ed., *Technology and World Trade: Proceedings of a symposium, November 16-17, 1966*, Washington, DC: US Government Printing Office, 1967, p. 11에 실린 마셜 맥루한의 발표 내용 참고. 예를 들어, 맥루한은 프랑스 철학자 자크 엘륄에 대해 언급했는데, 엘륄은 "20세기의 아이는 밤낮으로 데이터를 대규모로 처리하는 일에 종사하고 있다"고 썼다.

54　미디어 고고학에 대해서는 Parikka, Jussi, *What Is Media Archaeology?*, Cambridge: Polity, 2012.

55　Brügger, Niels, *The Archived Web: Doing History in the Digital Age*, Cambridge, MA: MIT Press, 2018, p. 5. 그리고 Laursen, Brügger, 'Introduction: Digital humanities, the web, and national web domains', pp. 1-2.

2장 디지털 역사의 읽기와 텍스트성

1　Bacon, Francis, *The Essays*, Harmondsworth: Penguin, 1986, p. 209.

2　Raven, James, *What is the History of the Book?*, Cambridge: Polity, 2018.

3　Brundage, Anthony, *Going to the Sources: A Guide to Historical Research and Writing*, 6판, Hoboken, NJ: John Wiley & Sons, 2018, p. 92.

4　'읽기'의 인식론에 대해서는 *Oxford English Dictionary*, 3판, Oxford: Oxford University Press, 2008.

5　폭넓은 읽기와 집중적 읽기에 대해서는 Engelsing, Rolf, *Bürger als Leser*, Stuttgart: Metzler, 1974. 엥엘싱의 아이디어에 대해서는 Reuveni, Gideon, *Reading Germany: Literature and Consumer Culture in Germany Before 1933*, New York: Berghahn, 2006, pp. 6-7.

6　Burke, Peter, *What Is Cultural History?*, Cambridge: Polity, 2004, p. 135.

7　'문화적 전환'에 대해서는 ibid., pp. 31-3.

8　Federico, Annette, *Engagements with Close Reading*, Abington, Oxon: Routledge, 2016, pp. 3-4.

9　Jay, Paul, *The Humanities 'Crisis' and the Future of Literary Studies*, Basingstoke: Palgrave Macmillan, 2014, p. 133.

10　Tarasti, Eero ed., *Musical Signification: Essays in the Semiotic Theory and Analysis*,

Berlin: De Gruyter, 2011.

11 d'Albe, E.E. Fournier, 'The type-reading optophone', *Scientific American*, October, 1920, pp. 109-10.

12 더 자세한 내용은 Stevens, Mary Elizabeth, *Automatic Character Recognition: A state-of-the-art report*, Washington, DC: National Bureau of Standards, 1961. https://www.govinfo.gov/content/pkg/GOVPUB-C13-e723fb75 b1725d344792abdccc4faa96/pdf/GOVPUB-C13-e723fb 75b1725d344792abdccc4faa96.pdf.

13 Moretti, Franco, 'Conjectures on world literature', *New Left Review*, January-February, 2000, p. 57.

14 Moretti, Franco, *Graphs, Maps, Trees: Abstract Models for a Literary History*. London: Verso, 2005, p. 1.

15 Moretti, 'Conjectures on world literature', p. 57.

16 Jänicke, Stefan; Franzini, Greta; Cheema, Muhammad Faisal; Scheuermann, Gerik, 'On close and distant reading in digital humanities: A survey and future challenges', *Eurographics Conference on Visualization (EuroVis), 25-29 May 2015, Cagliari, Italy*, The Eurographics Association, 2015. https://www.informatik.uni-leipzig.de/~stjaenicke/Survey.pdf; Nicholson, Bob, 'Counting culture; or, How to read Victorian newspapers from a distance', *Journal of Victorian Studies* 17(2), 2012, pp. 238-46.

17 엘레나 랭글의 블로그 포스팅과 비교해 보라. angle, Elena , 'Distant reading vs. close reading', *Digital Humanities* (blog), 19. May 2015. https://elenadigi.wordpress.com/2015/05/19/distant-reading-vs-close-reading/.

18 Best, Stephen; Marcus, Sharon, 'Surface reading: An introduction', *Representations* 108(1), 2009, pp. 1-21.

19 Moretti, 'Conjectures on world literature', p. 55.

20 Cohen, Margaret, *The Sentimental Education of the Novel*, Princeton, NJ: Princeton University Press, 1999, p. 23.

21 Moretti, 'Conjectures on world literature', p. 54.

22 Ibid., p. 57.

23 모레티는 마르크 블로크를 인용한다. Bloch, Marc, 'Pour une histoire comparée des sociétés européennes', *Revue de synthèse historique* 37, 1928, pp. 15-50.

24 Moretti, 'Conjectures on world literature', pp. 56-7.

25 더 자세한 내용은 Jänicke et al., 'On close and distant reading in digital humanities'.

26 Moretti, 'Conjectures on world literature', p. 57.

27 Jänicke et al., 'On close and distant reading in digital humanities'; Zaagsma, Geerben, 'On digital history', *BMGN–Low Countries Historical Review* 128(4),

2013, pp. 3-29.

28 Weingart, Scott, 'The moral role of DH in a data-driven world', *DH2016* (blog), 14 September 2014. http://www.scottbot.net/HIAL/index.html@p=40944.html.

29 Clavert, Frédéric, 'Lecture des sources historiennes à l'ère numérique', 14 November 2012. http://www.clavert.net/wordpress/?p=1061.

30 Hitchcock, Tim, 'Microscopes and macroscopes: Computer assisted close reading of historical texts', *The XXVI Veikko Litzen Lecture*, University of Turku, 30 November 2018. https://echo360.org.uk/lesson/G_8ffaa75d-ccf6-4131-b125-0a5d3960fa9c_c9bc6e5f-2370-461f-a42a-bf627c2dd894_201811-30T16:10:00.000_2018-11-30T18:00:00.000/classroom#sortDirection=desc. 그리고 Brügger, Niels; Schroeder, Ralph eds., *The Web as History: Using Web Archives to Understand the Past and the Present*, London: UCL Press, 2017, p. 241.

31 'Big data', *Oxford Dictionary of English*, https://www.oed.com.

32 《옥스퍼드영어대사전》의 인용에 대해서는 여러 저자들이 언급했다. 여기에는 Tarr, Michael J.; Aminoff, Elissa M., 'Can big data help us understand human vision?', Jones, Michael N. ed., *Big Data in Cognitive Science*, New York: Routledge, 2016; Martin, Carmel; Stockman, Keith,; Sturmberg, Joachim P., 'Humans and big data: New hope? Harnessing the power of personcentred data analytics', Sturmberg, Joachim P. ed., *Embracing Complexity in Health: The Transformation of Science, Practice, and Policy*, Cham: Springer, 2019, p. 126이 포함된다.

33 Tilly, Charles, 'The old new social history and the new old social history', CRSO Working Paper 218, 1980, pp. 7-8.

34 Stone, Lawrence, 'The revival of narrative: Reflections on a new old history', *Past and Present*, 85: 3-24, 1979, p. 11.

35 Tilly, 'The old new social history and the new old social history', p. 8.

36 틸리는 스톤의 연구를 인용했다. Stone, 'The revival of narrative: Reflections on a new old history', p. 13.

37 Wrigley, Edward Anthony; Schofield, Roger, *The Population History of England, 1541–1871: A Reconstruction*, Cambridge, MA: Harvard University Press, 1981.

38 Kahk, Juhan, 'Recent results of Soviet historians in use of mathematical methods and computers in agrarian history', *Historisk Tidskrift* 94(3), 1974, pp. 414-21; Kahk, Juhan, 'Quantitative historical research in Estonia: A case study in Soviet historiography', *Social Science History* 8(2), 1984, pp. 193-200. 더 자세한 내용과 북유럽에서 진행되는 유사한 노력에 대해서는 Paju, Petri, 'International collaboration and Finland in the early years of computer-assisted history research: Combining influences from Nordic and Soviet Baltic historians', *Proceedings of the 4th Digital*

Humanities in the Nordic Countries, Copenhagen, 6-8 March 2019, 2019, pp. 349-57, http://ceur-ws.org/Vol-2364/31_paper.pdf.

39 Gartner's IT Glossary, https://www.gartner.com/it-glossary/big-data/.

40 Saxena, Rajan, *Marketing Management*, 5판, New Delhi: McGraw-Hill Education, 2016, [e-book, 페이지 없음].

41 'Big data', Google Ngram Viewer. https://books.google. com/ngrams.

42 Graham, Shawn; Milligan, Ian; Weingart, Scott, *Exploring Big Historical Data: The Historian's Macroscope*, London: Imperial College Press, 2015, p. 3.

43 Wevers, Melvin; Smits, Thomas, 'The visual digital turn: Using neural networks to study historical images', *Digital Scholarship in the Humanities* 35(1), 2020, pp. 194-207. 그리고 Meeks, Elijah E., 'Is digital humanities too text-heavy?', *Stanford University Libraries* (blog), 26. July 2013. https://dhs.stanford.edu/spatial-humanities/is-digital- humanities-too-text-heavy/.

44 더 자세한 내용은 von Ranke, Leopold ed., *The Theory and Practice of History*, London: Routledge, 2011. 또, Burke, Peter, *The French Historical Revolution: The Annales School, 1929–89*, Cambridge: Polity, 1990, p. 7.

45 Langlois, Charles-Victor; Seignobos, Charles, *Introduction to the Study of History*, trans., G.G. Berry, New York: Henry Holt and Company, 1904, p. 17.

46 Huizinga, Johan, *The Waning of the Middle Ages: A Study of the forms of life, thought and art in France and the Netherlands in the fourteenth and fifteenth centuries*, Harmondsworth: Penguin Books, 1922, p. 4.

47 Burke, *The French Historical Revolution*, pp. 12-31.

48 Lytton, Edward Bulwer, 'A newspaper', *The Bradford Observer*, 31 May 1838.

49 온라인 신문 아카이브 목록은 https://en.wikipedia.org/wiki/Wikipedia:List_of_online_ newspaper_archives.

50 *Japan Times Digital Archive* (1897–2014), https://www. japantimes.co.jp/2014/12 /05/press-release/116-year-japan-times-digital-archives-now-available-subscription/#. XUrBCOgzY2z.

51 Frankfurter Allgemeine Zeitung(1993–), https://fazarchiv.faz.net/?targetUrl =%2FFAZ.ein.

52 그리스 국립 디지털 신문 아카이브(Digital Newspaper Archives of National Library of Greece), http://efimeris.nlg.gr/ns/main.html.

53 Hemeroteca Digital, Biblioteca Nacional España. http://www.bne.es/es/Catalogos/ HemerotecaDigital/.

54 La Guinea Española, http://www.bioko.net/guinea espanola/laguies.html.

55 Prescott, Andrew, 'Searching for Dr Johnson: The digitisation of the Burney

newspaper collection', Siv Gøril Brandtzæg, Paul Goring, Christine Watson eds., *Travelling Chronicles: News and Newspapers from the Early Modern Period to the Eighteenth Century*, Leiden: Brill, 2018, pp. 49-71, 57.

56 Ibid.

57 Oiva, Mila; Salmi, Hannu; Nivala, Asko, *Digitized Newspapers at the National Library of Finland, Suomen kansalliskirjaston digitoidut sanomalehdet*, 20 February 2018. https://oceanicexchanges.org/2018-02-20-data-reports-finland/. 또, Bremer-Laamanen, Majlis, 'Connecting to the past–Newspaper digitisation in the Nordic countries', Hartmut Walravens ed., *International Newspaper Librarianship for the 21st Century*, Munich: K.G. Saur, 2006, pp. 45-50.

58 Schantz,, Herbert F., *The History of OCR, Optical Character Recognition*, Boston, MA: Recognition Technologies Users Association, 1982; Rice, Stephen V.; Nagy, George; Nartker, Thomas A., *Optical Character Recognition: An Illustrated Guide to the Frontier*, New York: Springer Science+Business Media, 1999.

59 ABBYY FineReader, https://www.abbyy.com/en-eu/finereader/specifications/.

60 Hitchcock, Tim, 'Confronting the digital, or how academic history writing lost the plot', *Cultural and Social History* 10(1), 2013, pp. 9-23, 13.

61 The Early Modern OCR Project, http://emop.tamu.edu/.

62 디지털 노이즈에 대해서는 Jarlbrink, Johan; Snickars, Pelle, 'Cultural heritage as digital noise: Nineteenth century newspapers in the digital archive', *Journal of Documentation* 73(6), 2017, pp. 1228-43; Cordell, Ryan, '"Q i-jtb the Raven": Taking dirty OCR seriously', *Book History* 20(1), 2017, pp. 188-225.

63 *Singapore Chronicle and Commercial Register*, 15 February 1827. http://eresources. nlb.gov.sg/newspapers/Digitised/Article/singchronicle18270215-1.2.4.

64 오스트레일리아 국립도서관 Trove, https://trove.nla. gov.au/newspaper/.

65 Jarlbrink, Snickars, 'Cultural heritage as digital noise', pp. 1228-1230.

66 Cordell, '"Q i-jtb the Raven"'.

67 The Impresso Project, https://impresso-project.ch/.

68 The NewsEye Project, https://www.newseye.eu/.

69 나는 니콜로 파가니니와 프란츠 리스트의 초국가적 명성을 다룬 작업을 하며 미국, 오스트레일리아, 오스트리아, 브라질, 영국, 네덜란드, 핀란드, 노르웨이, 스웨덴 신문 저장소를 활용했다. 더 자세한 내용은 Salmi, Hannu, 'Viral virtuosity and the itineraries of celebrity culture', Asko Nivala, Hannu Salmi, Jukka Sarjala eds., *Travelling Notions of Culture in Early Nineteenth-Century Europe*, New York: Routledge, 2016, pp. 135-53.

70 Europeana Newspapers, https://www.europeana.eu/portal/fi/collections/newspapers.

71 Oceanic Exchanges: Tracing Global Information Networks in Historical Newspaper Repositories, 1840-1914, https://oceanicexchanges.org/.DOI 10.17605/OSF.IO/WA94S.

72 더 자세한 내용은 https://oceanicexchanges.org/news/.

73 슬라이드 6번을 보라. Beals, M.H., *Oceanic Exchanges: Building a Transnational Understanding of Digitised Newspapers*, Loughborough University. https://orcid.org/0000-00022907-3313. 또, Beals, M.H.; Bell, Emily et.al., *The Atlas of Digitised Newspapers and Metadata: Reports from Oceanic Exchanges*, Loughborough, 2020, DOI: 10.6084/m9.figshare.11560059.

74 대용량 데이터에 덧붙여, 만약 그것을 이용할 수 있거나 인터페이스에서 XML 파일을 수집할 수 있다면, API(애플리케이션 프로그래밍 인터페이스)로 필수 데이터를 얻을 수 도 있다.

75 Open Data, National Library of Luxembourg, https:// data.bnl.lu/data/historical-newspapers/.

76 Transkribus, https://transkribus.eu/Transkribus/.

77 'Crowdsourcing with Transkribus at Amsterdam City Archives', 14 March 2019, https://read.transkribus.eu/2019/03/14/crowdsourcing-transkribus-amsterdam/.

78 Boyd-Graber, Jordan; Mimno, David; Newman, David, 'Care and feeding of topic models', Edoardo M. Airoldi, David Blei, Elena A. Erosheva, Stephen E. Fienberg eds., *Handbook of Mixed Membership Models and Their Applications*, Boca Raton, FL: CRC Press, 2015, p. 226.

79 Underwood, Ted, 'Algorithmic modeling. Or, modeling data we do not yet understand', Flanders, Julia; Jannidis, Fotis, *The Shape of Data in Digital Humanities: Modeling Texts and Text-based Resources*, Abingdon, Oxon: Routledge, 2019.

80 Blei, David; Ng, Andrew; Jordan, Michael I., 'Latent Dirichlet allocation', *The Journal of Machine Learning Research* 3, 2013, pp. 993-1022.

81 MALLET: A Machine Learning for Language Toolkit. http://mallet.cs.umass.edu.

82 Graham, Shawn; Weingart, Scott; Milligan, Ian, 'Getting started with topic modeling and MALLET', *The Programming Historian*, 2 September 2012, https:// programminghistorian.org/en/lessons/topic-modeling-and-mallet.

83 Yang, Tze-I; Torget, Andrew J.; Mihalcea, Rada, 'Topic modeling on historical newspapers', *Proceedings of the 5th ACL-HLT Workshop on Language Technology for Cultural Heritage, Social Sciences, and Humanities, Portland, OR.* Association for Computational Linguistics, 2011, pp. 96-104. https://www.aclweb.org/anthology/W11-1513.

84 Newman, David J.; Block, Sharon, 'Probabilistic topic decomposition of an eighteenthcentury American newspaper', *Journal of the American Society for Information Science and Technology* 18(1), 2006, pp. 753-67; Mimno, David, 'Computational historiography: Data mining in a century of classics journals', *Journal on Computing and Cultural Heritage* 5(1), 2012, pp. 1-19; Werheim, Lino, 'Economic history goes digital: Topic modeling the Journal of Economic History', BGPE Discussion Paper Series. Bavarian Graduate Program in Humanities, 2017, p. 177. http://bgpe.de/texte/DP/177_Wehrheim. pdf.

85 Jänicke et al., 'On close and distant reading in digital humanities'.

86 Ibid.

87 *The Programming Historian*, https://programminghistorian.org/.

88 멀리서 읽기의 다양한 방식에 대한 더 자세한 내용은 *The Programming Historian*, https://programminghistorian.org/en/lessons/?topic=distant-readingd.

89 Moretti, Franco, *Distant Reading*, London: Verso, 2013, pp. 214-22.

90 네트워크 분석에 대한 더 자세한 내용은 *The Programming Historian*, https://programminghistorian.org/en/lessons/?topic=network-analysis.

91 Graham et al., *Exploring Big Historical Data*, pp. 195-234.

92 예컨대, 마르코 뷜러의 다이아그램. Franzini, G.; Franzini, E.; Büchler, M., *Historical Text Reuse: What Is It?*, 2016, http://www.etrap.eu/historical-text-re-use/.

93 Mullen, Lincoln, *America's Public Bible: Biblical quotations in US newspapers*, 2016, http://americaspublicbible. org/.

94 Büchler, Marco; Crane, Gregory; Moritz, Maria; Babeu, Alison, 'Increasing recall for text re-use in historical documents to support research in the humanities', P. Zaphiris ed., *Theory and Practice of Digital Libraries: Proceedings of the Second International Conference on Theory and Practice of Digital Libraries*, Berlin: Springer Verlag, 2012, pp. 95-100. 텍스트 재사용에 대해서는 Franzini, G.; Franzini, E.; Büchler, Marco, 'Historical text reuse: What is it?', *eTRAP*, 2016, http://www. etrap.eu/historical-text-re-use/.

95 The KITAB project, http://kitab-project.org/text- reuse-methods/.

96 Smith, David A.; Cordell, Ryan; Dillon, Elizabeth Maddock, 'Infectious texts: Modeling text reuse in nineteenth-century newspapers', *IEEE International Conference on Big Data, 6–9 October 2013*. Silicon Valley, 2013, pp. 86-94. 또, Cordell, Ryan, 'Viral textuality in nineteenth-century US newspaper exchanges', Veronica Alfano, Andrew Stauffer eds., *Virtual Victorians: Networks, Connections, Technologies*, New York: Palgrave Macmillan, 2015, p. 34.

97 더 자세한 내용은 *Oceanic Exchanges: Tracing Global Information Networks in*

Historical Newspaper Repositories, 1840–1914. https://oceanicexchanges.org/. 프로젝트 결과에 대해서는 Oiva, Mila; Nivala, Asko; Salmi, Hannu; Latva, Otto; Jalava, Marja; Keck, Jana; Domínguez, Laura Martínez; Parker, James, 'Spreading news in 1904: The media coverage of Nikolay Bobrikov's shooting', *Media History*, 2019. DOI: https://doi.org/10.1080/13688804.2019.1652090.

98 Salmi, Hannu; Rantala, Heli; Vesanto, Aleksi; Ginter, Filip, 'The long-term reuse of text in the Finnish press, 1771–1920', *Proceedings of the 4th Digital Humanities in the Nordic Countries, Copenhagen, Denmark, 6–8 March 2019*. Copenhagen: University of Copenhagen, 2019, pp. 394-404. http://ceur-ws.org/Vol-2364/36_paper.pdf.

99 *The Programming Historian* 외에 Graham et al., *Exploring Big Historical Data*; M.H. Beals, *Digital History: An Introductory Guide*, London: Bloomsbury Academic, 2016.

100 라투르와 텍스트의 물질성에 대해서는 Asdal, Kristin; Jordheim, Helge, 'Texts on the move: Textuality and historicity revisited', *History and Theory* 57(1), 2018, pp. 56-74.

101 Lahti, Leo; Marjanen, Jani; Roivainen, Hege; Tolonen, Mikko, 'Bibliographic data science and the history of the book (c. 1500–1800)', *Cataloging and Classification Quarterly* 57(1), 2019, pp. 5-23.

3장 역사의 지도화와 시각화

1 *The Valley of the Shadow*, http://valley.lib.virginia.edu/ VoS/maps4.html.

2 Guldi, Jo, 'What is the Spatial Turn?', 2011, https://spatial. scholarslab.org/spatial-turn/.

3 Bachmann-Medick, Doris, *Cultural Turns: New Orientations in the Study of Culture*, Berlin: De Gruyter, 2016, pp. 211-13.

4 Nivala, Asko; Salmi, Hannu; Sarjala, Jukka, 'Introduction', Asko Nivala, Hannu Salmi, Jukka Sarjala eds., *Travelling Notions of Culture in Early Nineteenth-Century Europe*, New York: Routledge, 2016, pp. 4-5.

5 University of Houston, Digital History, links to historical maps, http://www.digitalhistory.uh.edu/maps/maps.cfm; Cambridge University Library, digital maps, https://www. lib.cam.ac.uk/collections/departments/maps/digital-maps; Lenschau-Teglers, A.; Rønsberg, V.G., 'Digitised maps in the Danish map collection', *LIBER Quarterly* 15(1), 2005, DOI: http://doi.org/10.18352/lq.7801; Borbinha, José; Pedrosa, Gilberto; Gil, João; Martins, Bruno; Freire, Nuno; Dobreva, Milena;

Wyttenbach, Alberto, 'Digital libraries and digitised maps: An early overview of the DIGMAP project', D.H.L. Goh, T.H. Cao, I.T. Sølvberg, E. Rasmussen eds., *Asian Digital Libraries. Looking Back 10 Years and Forging New Frontiers. ICADL 2007. Lecture Notes in Computer Science*, vol. 4822, Berlin: Springer, 2007.

6   Lenschau-Teglers; Rønsberg, 'Digitised maps in the Danish map collection'. 또, Map Collection of the Royal Library of Denmark, http://www5.kb.dk/en/nb/samling/ks/index.html.

7   National Library of Argentina, digitized map collection, https://catalogo.bn.gov.ar.

8   British Library, Digital mapping, https://www.bl.uk/collection-guides/digital-mapping.

9   British Library, Maps, https://www.bl.uk/subjects/maps.

10   British Library, Globes, https://www.bl.uk/collection-guides/globes.

11   Graham et al., *Exploring Big Historical Data*, p. 172.

12   Ibid.

13   Knowles, Anne Kelly, 'GIS and history', Anne Kelly Knowles ed., *Placing History: How Maps, Spatial Data, and GIS are Changing Historical Scholarship*, Redlands, CA: ESRI Press, 2008, p. 12.

14   New York Public Library, NYPL Map Warper, http://maps.nypl.org/warper/maps?show_warped=1. 또, 링컨 뮬렌의 디지털 맵 이용 자습서를 보라. Mullen, Lincoln, *Introduction to Spatial History and Mapping: Doing Digital History*, https://lincolnmullen.com/files/downloads/pdf/spatialhistory.doing-dh.pdf.

15   Kiiskinen, Harri, *Production and Trade of Etrurian Terra Sigillata Pottery in Roman Etruria and Beyond between c. 50 BCE and c. 150 CE*, Turku: University of Turku, 2013, http://urn.fi/URN:ISBN:978-951-29-5400-1. 예컨대, 64, 80쪽.

16   Rendgen, Sandra, *The Minard System: The Complete Statistical Graphics of Charles-Joseph Minard from the Collection of the École nationale des ponts et chaussées*, New York: Princeton Architectural Press, 2018.

17   미나르의 지도에 대해서는 Nivala, Asko, 'Catastrophic revolution and the rise of romantic Bildung', Asko Nivala, Hannu Salmi, Jukka Sarjala eds., *Travelling Notions of Culture in Early Nineteenth-Century Europe*, New York: Routledge, 2016, p. 25.

18   Rendgen, *The Minard System*, pp. 7-8.

19   Ibid., pp. 40-1.

20   Graham et al., *Exploring Big Historical Data*, p. 173.

21   Amsterdam, Rijksmusem, https://www.rijksmuseum.nl/.

22   더 자세한 내용은 RMN Photo, https://www.photo. rmn.fr/Collections.

23 Europeana: 1914–1918, https://www.europeana.eu/portal/fi/collections/world-war-I.

24 Manovich, Lev, 'Data science and digital art history', *International Journal for Digital Art History* 1, 2015, pp. 13-35, p. 33.

25 Ibid.

26 Arnold, Taylor; Tilton, Lauren, 'Distant viewing: Analyzing large visual corpora', *Digital Scholarship in the Humanities*, 15. March 2019. https:// distantviewing.org/ pdf/distant-viewing.pdf.

27 Martin-Jones, David, *Cinema Against Doublethink: Ethical Encounters with the Lost Pasts of World History*, Abingdon, Oxon: Routledge, 2019, ebook [페이지 없음]; Compagno, Dario, 'Introduction', Dario Compagno ed., *Quantitative Semiotic Analysis*, Cham: Springer Verlag, 2018, p. 22.

28 Arnold; Tilton, 'Distant viewing: Analyzing large visual corpora', p. 11.

29 Ibid.

30 더 자세한 내용은 Xu, Zhicun; Smit, Peter; Kurimo, Mikko, 'The AALTO system based on fine-tuned Audioset features for DCASE2018 task2–General purpose audio tagging', *Proceedings of the Detection and Classification of Acoustic Scenes and Events 2018 Workshop* (DCASE2018), Tampere: Tampere University of Technology, 2018, pp. 24-8. http://dcase.community/documents/challenge2018/ technical_reports/DCASE2018_Xu_28.pdf; Tuomas Kaseva, *SphereDiar–An efficient speaker diarization system for meeting data*. Helsinki: Aalto University, 2019, http://urn.fi/URN:NBN:fi:aalto-201906234129.

31 Law, Alan Wee-Chung; Wang, Shilin, *Visual Speech Recognition: Lip Segmentation and Mapping*, Hershey, PA: Medical Information Science Reference, 2009; Qiu, Guoping,; Lam, Kin Man; Kiya, Hitoshi; Xue, Xiang-Yang; Kuo, C.-C. Jay; Lew, Michael S. eds., *Advances in Multimedia Information Processing*, Berlin: Springer Verlag, 2010; Kawulok, Michal; Celebi, Emre; Smolka, Bogdan eds., *Advances in Face Detection and Facial Image Analysis*, Cham: Springer Verlag, 2016.

32 Tretyakov Gallery, https://www.tretyakovgallery.ru/en/.

33 RMN Photo, https://www.photo.rmn.fr/Agence/Presentation.

34 IMDb Datasets, https://www.imdb.com/interfaces/.

35 McCready, Bo, 'Film genre popularity 1910-2018', 2019, https://public.tableau. com/profile/bo.mccready8742#!/vizhome/FilmGenrePopularity-1910-2018/ GenreRelative Popularity.

36 예컨대, 2020년 1월 1일 핀란드 국립 시청각 연구소는 2천 편의 단편영화와 287편의 장편영화를 웹사이트에 게시했다. http://elonet.finna.fi.

1 Latour, Bruno, *We Have Never Been Modern*, trans. Catherine Porter, Cambridge, MA: Harvard University Press, 1993, pp. 1-2.

2 Jensenius, Alexander Refsum, 'Disciplinarities: Intra, cross, multi, inter, trans', *Alexander Refsum Jensenius* (blog), 12 March 2012, http://www.arj.no/2012/03/12/disciplinarities-2/. 더 자세한 내용은 Stember, Marilyn, 'Advancing the social sciences through the interdisciplinary enterprise', *The Social Science Journal* 28 (1), 1991, pp, 1-14, p. 1. 분과횡단성에 대해서는 Fam, Dena; Neuhauser, Linda; Gibbs Paul eds., *Transdisciplinary Theory, Practice and Education: The Art of Collaborative Research and Collective Learning*, Cham: Springer Verlag, 2018.

3 Klein, Julie Thompson, *Interdisciplining Digital Humanities: Boundary Work in an Emerging Field*, Ann Arbor, MI: University of Michigan Press, 2015, p. 20.

4 Huutoniemi, Katri; Klein, Julie Thompson; Bruun, Henrik; Hukkinen, Janne, 'Analyzing interdisciplinarity: Typology and indicators', *Research Polity* 39(1), 2010, pp. 79-88.

5 Ibid., p. 83.

6 Ibid., p. 85.

7 Lin, Yu-wei, 'Transdisciplinarity and digital humanities: Lessons learned from developing text-mining tools for textual analysis', David M. Berry ed., *Understanding Digital Humanities*, Basingstoke: Palgrave Macmillan, 2012, p. 295.

8 Eder, Maciej; Winkowski, Jan; Woźniak, Michał; Górski, Rafał L.; Grzybowsk, Bartosz, 'Text mining methods to solve organic chemistry problems, or Topic modeling applied to chemical molecules', Jonathan Girón Palau, Isabel Galina Russell eds., *Digital Humanities 2018. Puentes–Bridges. Book of Abstracts. Libro de resúmenes*, Mexico City: Red de Humanidades Digitales, 2018, pp. 562-5.

9 Vesanto, Aleksi; Nivala, Asko; Rantala, Heli; Salakoski, Tapio; Salmi, Hannu; Ginter, Filip, 'Applying BLAST to text reuse detection in Finnish newspapers and journals, 1771–1910', *Proceedings of the 21st Nordic Conference of Computational Linguistics, Gothenburg, Sweden, 23–24 May 2017*, 2017, pp. 54-8, http://www.ep.liu.se/ecp/133/010/ecp17133010.pdf. 또, Salmi, Hannu; Rantala, Heli; Vesanto, Aleksi; Ginter, Filip, 'The long-term reuse of text in the Finnish press, 1771–1920', *Proceedings of the 4th Digital Humanities in the Nordic Countries, Copenhagen, 6–8 March 2019*, 2019, pp. 394-404. http://ceur-ws.org/Vol-2364/36_paper.pdf.

10 Vesanto, Aleksi; Ginter, Filip; Salmi, Hannu; Nivala, Asko; Sippola, Reetta; Rantala, Heli; Paju, Petri, *Text Reuse in Finnish Newspapers and Journals, 1771–1920*,

Database, http://comhis.fi/clusters.

11 스벤손은 메리 루이스 프랫을 언급한다. Pratt, Mary Louise, 'Arts of the contact zone', *Profession* 91, 1991, pp. 33-40. 그리고 Svensson, Patrik, *Big Digital Humanities: Imagining a Meeting Place for the Humanities and the Digital*, Ann Arbor, MI: University of Michigan Press, 2016, pp. 112와 비교하라.

12 Pratt, 'Arts of the contact zone', pp. 33-40. Svensson, *Big Digital Humanities*, p. 112도 보라.

13 Kemman, Max, 'The ends of the humanities abstract–Interdisciplinary ignorance', *Max Kemman* (blog), 5 September 2017, https://www.maxkemman.nl/2017/09/abstract-interdisciplinary-ignorance/.

14 Kemman, Max, *Trading zones of digital history*, Luxembourg: University of Luxembourg, 2019. 내용이 요약된 초록은 https://www.maxkemman.nl/2019/03/thesis-abstract-trading-zones-of-digital-history/.

5장 디지털 시대의 과거 전시

1 Cohen, Daniel J.; Rosenzweig, Roy, *Digital History: A Guide to Gathering, Preserving, and Presenting the Past on the Web*, Philadelphia, PA: University of Pennsylvania Press, 2006, p. 2.

2 *Mapping the Jewish Communities of the Byzantine Empire*, http://www.byzantinejewry.net/.

3 *The Texas Slavery Project*, www.texasslaveryproject.org.

4 또, Seefeldt, Douglas; Thomas, William G., 'What is digital history?', *Perspectives on History: The Newsmagazine of the American Historical Association*, 1 May 2009. https://www.historians.org/publications-and-directories/perspectives-on-history/may-2009/what-is-digital-history.

5 Lorenzetti Digital, https://ambrogiolorenzetti.wixsite.com/digital/blank-q816y. 또, Rojas, Rodríguez; Elvis, Andrés; Liévano, Jose Nicolas Jaramillo, 'Lorenzetti Digital', Jonathan Girón Palau, Isabel Galina Russell eds., *Digital Humanities 2018. Puentes – Bridges. Book of Abstracts. Libro de resúmenes. Mexico City 26–29 June 2018*, Mexico City: Red de Humanidades Digitales A.C., 2018, pp. 661-2.

6 Gaskins, Robert, 'PowerPoint at 20: Back to basics', *Communications* 50(12), 2007, pp. 15-17.

7 Ch'ng, Eugene; Gaffney, Vincent L., 'Seeing things: Heritage computing, visualisation and the arts and humanities', Eugene Ch'ng, Vincent L. Gaffney, Henry

Chapman eds., *Visual Heritage in the Digital Age*, London: Springer Verlag, 2013, pp. 2-4.

8   Moretti; Graphs, *Maps, Trees: Abstract Models for a Literary History*, pp. 1-2.

9   시각화에 대한 더 자세한 내용은 Graham et al., *Exploring Big Historical Data: The Historian's Macroscope*, pp. 159-94.

10   AntConc. https://www.laurenceanthony.net/software/antconc/.

11   Voyant Tools, https://voyant-tools.org/.On the use of Voyant Tools. 예컨대, Using Voyant Tools for Basic Text Analysis. https://publish.illinois.edu/commons knowledge/2014/10/10/using-voyant-tools-for-basic-text-analysis/.

12   Gephi–The Open Graph Viz Platform, https://gephi. org/.

13   Nivala, Asko; Salmi, Hannu; Sarjala, Jukka, 'History and virtual topology: The nineteenth-century press as material flow', *Historein* 17(2), 2018, http://dx.doi. org/10.12681/historein.14612.

14   Jänicke et al., 'On close and distant reading in digital humanities', p. 4.

15   더 자세한 내용은 앞서 제공된 시각화 기술에 따른 조사 분류법 참고. ibid., p. 12.

16   Ibid., p. 13.

17   이러한 툴킷에 대해서는 D3 참고. https://d3js.org/, Prefuse (archived); https://web. archive.org/web/20181226190156/; http://prefuse.org/; Many Eyes는 https://www. boostlabs.com/ibms-many-eyes-online-data- visualization-tool/.

18   Neatline, https://neatline.org/, GeoTemCo. http://www.informatik.uni-leipzig. de:8080/geotemco/.

19   InfoVis, https://infovis-wiki.net/wiki/Main_Page; FeatureLens, http://www.cs.umd. edu/hcil/textvis/featu relens/; TextArc, http://www.visualcomplexity.com/vc/project. cfm?id=5.

20   예컨대, Digital Humanities: Tools & Softwarefmf. https://guides.nyu.edu/dighum/ tools; Digital Humanities: Tools and Resource Recommendations, https:// libguides.mit.edu/c.php?g=176357&p=1158575; The Digital Humanities: Digital Visualization, https://libguides.usc.edu/c.php?g=235247&p=1560835.

21   Cordell, Ryan, *The Spread of Charles MacKay's Poem 'The Inquiry' in Antebellum Newspapers*, 2013, https://www.youtube.com/watch?v=YwDlyt7jhMs.

22   Cordel, Ryan, *'The Children' by Charles M. Dickinson*, 2015, https://www.youtube. com/watch?v=pVUjBpfYrFM.

23   Salmi, Hannu, *Franz Liszt's Tour in Europe, 1839–1847*, 2017, https://www. youtube.com/watch?v=GnnnaYaBXPc.

24   Bye, Ollie, *The History of the World: Every Year*, 2015, https://youtu.be/-6Wu0Q7 x5D0.

25 TimelineJS, https://timeline.knightlab.com/; TimelineJS, https://data.europa.eu/euodp/en/node/6551.

26 예컨대, Pearson, Steven, 'Multiple temporalities, layered histories', *Contemporaneity: Historical Presence in Visual Culture*, 6(1), 2017, pp. 83-8을 보라; Tamm, Marek; Olivier, Laurent eds., *Rethinking Historical Time: New Approaches to Presentism*, London: Bloomsbury Academic, 2019.

27 Ohta, Yuichi; Tamura, Hideyuki eds., *Mixed Reality: Merging Real and Virtual Worlds*, Berlin: Springer, 2014; Greengard, Samuel, *Virtual Reality*, Cambridge, MA: MIT Press, 2019.

28 Challenor, Jennifer; Ma, Minhua, 'A review of augmented reality applications for history education and heritage visualisation', *Multimodal Technologies and Interaction* 3(2), 2019, pp. 1-20.

29 Ibid., pp. 4-6; Kiryakova, Gabriela; Angelova, Nadezhda; Yordanova, Lina, 'The potential of augmented reality to transform education into smart education', *TEM Journal* 7 (3), 2018, pp. 556-65.

30 예컨대, History Augmented Reality Content. http://www.classvr.com/school-curriculum-content-subjects/augmented-reality-resources/history-augmented-reality-content/.

31 Story of the Forest, https://www.nationalmuseum.sg/our-exhibitions/exhibition-list/story-of-the-forest. 또한, Coates, Charlotte, 'How museums are using augmented reality–Best practice from museums around the world', *MuseumNext* 7 February 2019. https://www.museumnext.com/article/how-museums-are-using-augmented-reality/.

32 Heimo, Olli I.; Kimppa, Kai K.; Yli-Seppälä, Laura; Viinikkala, Lauri; Korkalainen, Timo; Mäkilä, Tuomas; Lehtonen, Teijo, 'Ethical problems in creating historically accurate mixed reality make-beliefs', *CEPE/ETHICOMP 2017–Values in Emerging Science and Technology*, June 5-8, 2017. 또한 Viinikkala, Lauri, *Digitaalisia valheita vai historiallista tietoa? Aineellisen todellisuuden, kerronnan ja historiallisen tiedon suhde yhdistetyn todellisuuden teknologiaa hyödyntävissä menneisyyden esityksissä*, Turku: University of Turku, 2019. http://urn.fi/ URN:ISBN:978-951-29-7524-2.

33 Viinikkala, Lauri, 'Digital but authentic? Defining authenticity of two church interiors reconstructed with mixed reality technology', *Finskt Museum* no. 12, 2016, pp. 31-49.

34 Helle, Seppo; Salmi, Hannu; Turunen, Markku; Woodward, Charles; Lehtonen, Teijo, *MIRACLE Handbook: Guidelines for Mixed Reality Applications for Culture and Learning Experiences*, 2017, http://urn.fi/URN:ISBN:978-951-29-6884-8.

35   Machine, Time, https://www.timemachine.eu/.
36   Venice Time Machine, https://www.epfl.ch/research/domains/venice-time-machine/.

결론

1   Tamm, Marek; Burke, Peter eds., *Debating New Approaches to History*, New York: Bloomsbury Academic, 2018.

2   Tamm, Marek, 'Introduction: A framework for debating new approaches to history', Marek Tamm, Peter Burke eds., *Debating New Approaches to History*, Kindle edition, New York: Bloomsbury Academic, 2018, p. 9.

3   Mullen, Lincoln, 'A braided narrative for digital history', Matthew K. Gold ed., *Debates in the Digital Humanities 2019*, Minneapolis, MN: University of Minnesota Press, 2019, pp. 382-8.

4   Winters, Jane, 'Digital history', Marek Tamm, Peter Burke eds., *Debating New Approaches to History*, Kindle edition, New York: Bloomsbury Academic, 2018.

5   Gale Digital Scholar Lab, https://www.gale.com/intl/primary-sources/digital-scholar-lab.

6   Weller, Toni, 'Introduction: History in the digital age', Toni Weller ed., *History in the Digital Age*, London: Routledge, 2013, p. 4.

Arnold, Taylor; Tilton, Lauren, *Humanities Data in R*, New York: Springer, 2015.

Arnold, Taylor; Tilton, Lauren, 'Distant viewing: analyzing large visual corpora', *Digital Scholarship in the Humanities*, 2019 published online 15 March 2019. https://distantviewing.org/pdf/distant-viewing.pdf.

Bachmann-Medick, Doris, *Cultural Turns: New Orientations in the Study of Culture*, Berlin: De Gruyter, 2016.

Balbi, Gabriele; Magaudda, Paolo, *A History of Digital Media: An Intermedia and Global Perspective*, New York: Routledge, 2018.

Beals, M. H.; Bell, Emily, with contributions by Ryan Cordell, Paul Fyfe, Isabel Galina Russell, Tessa Hauswedell, Clemens Neudecker, Julianne Nyhan, Sebastian Padó, Miriam Peña Pimentel, Mila Oiva, Lara Rose, Hannu Salmi, Melissa Terras, and Lorella Viola, *The Atlas of Digitised Newspapers and Metadata: Reports from Oceanic Exchanges*, Loughborough, 2020. DOI: 10.6084/ m9.figshare.11560059.

Berry, David M., ed., *Understanding Digital Humanities*, Basingstoke: Palgrave Macmillan, 2012.

Briggs, Asa; Burke, Peter, *A Social History of the Media: From Gutenberg to the Internet*, 3rd edn., Cambridge: Polity, 2009.

Brügger, Niels; Laursen, Ditte eds., *The Historical Web and Digital Humanities: The Case of National Web Domains*, Abingdon, Oxon: Routledge, 2019.

Brügger, Niels; Schroeder, Ralph eds., *The Web as History: Using Web Archives to Understand the Past and the Present*, London: UCL Press, 2017.

Campbell-Kelly, Martin; Garcia-Swartz, Daniel D., *From Mainframes to Smartphones: A History of the International Computer Industry*, Cambridge, MA: Harvard University Press, 2015.

Ch'ng, Eugene; Gaffney, Vincent L.; Chapman, Henry eds., *Visual Heritage in the Digital Age*, London: Springer Verlag.ne, 2013.

Clavert, Frédéric; Noiret, Serge eds., *L'histoire contemporaine à l'ère numérique/Contemporary History Join the Digital Age*, Brussels: Peter

Lang, 2013.

Cohen, Daniel J.; Rosenzweig, Roy, *Digital History: A Guide to Gathering, Preserving, and Presenting the Past on the Web*, Philadelphia, PA: University of Pennsylvania Press, 2006.

Cohen, Daniel J. et al., 'Interchange: The promise of digital history', *The Journal of American History* 95 (2), 2008, pp. 452-91.

Cordell, Ryan, 'Viral textuality in nineteenth-century US newspaper exchanges', *Virtual Victorians: Networks, Connections, Technologies*, edited by Veronica Alfano and Andrew Stauffer, New York: Palgrave Macmillan, 2015, pp. 29-56.

Cordell, Ryan, '"Q i-jtb the Raven": Taking dirty OCR seriously', *Book History* 20 (1), 2017, pp. 188-225.

Dougherty, Jack; Nawrotzki, Kristen eds., *Writing History in the Digital Age*, Ann Arbor, MI: University of Michigan Press, 2013.

Federico, Annette, *Engagements with Close Reading*, Abingdon, Oxon: Routledge, 2016.

Flanders, Julia; Jannidis, Fotis eds., *The Shape of Data in Digital Humanities: Modeling Texts and Text-based Resources*, Abingdon, Oxon: Routledge, 2019.

Foka, Anna; Westin, Jonathan; Chapman, Adam eds., 'Digital technology in the study of the past', Special issue, *Digital Humanities Quarterly* 12 (3), 2018. http://www.digitalhumanities.org/dhq/vol/12/3/index.html.

Galgano, Michael J.; Arndt, Chris; Hyser, Raymond M., *Doing History: Research and Writing in the Digital Age*, Boston, MA: Wadsworth, 2008.

Gantert, Klaus, *Elektronische Informationsressourcen für Historiker*, Berlin: De Gruyter, 2011.

Genet, Jean-Philippe; Zorzi, Andrea eds., *Les historiens et l'informatique: Un métier à réinventer*, Rome: École française de Rome, 2011.

Gere, Charlie, *Digital Culture*, London: Reaktion Books, 2002.

Gold, Matthew K., ed., *Debates in the Digital Humanities 2019*, Minneapolis, MN: University of Minnesota Press, 2019.

Graham, Shawn; Milligan, Ian; Weingart, Scott, *Exploring Big Historical Data: The Historian's Macroscope*, London: Imperial College Press, 2016.

Guldi, Jo, What is the Spatial Turn?, 2011. https://spatial.scholarslab.org/spatial-turn/.

Guldi, Jo; Armitage, David, *The History Manifesto*, Cambridge: Cambridge University Press, 2014.

Haber, Peter, *Digital Past: Geschichtswissenschaft im Digitalen Zeitalter*, Munich: Oldenbourg Wissen-schaftsverlag, 2011.

Helle, Seppo; Salmi, Hannu; Turunen, Markku; Woodward, Charles; Lehtonen, Teijo, *MIRACLE Handbook: Guidelines for Mixed Reality Applications for Culture and Learning Experiences*, Turku, Finland: University of Turku, 2017.

Hitchcock, Tim, 'Confronting the digital, or how academic history writing lost the plot', *Cultural and Social History* 10 (1), 2013, pp. 9-23.

Jänicke, Stefan; Franzini, Greta; Cheema, Muhammad Faisal; Scheuermann, Gerık, 'On close and distant reading in digital humanities: A survey and future challenges', *Eurographics Conference on Visualization (Euro Vis)*, 25-29 May 2015, Cagliari, Italy, edited by R. Borgo, F. Ganovelli, and I. Viola. The Eurographics Association. https://www.informatik.uni-leipzig. de/~stjaenicke/Survey.pdf.

Jarlbrink, Johan; Snickars, Pelle, 'Cultural heritage as digital noise: Nineteenth century newspapers in the digital archive', *Journal of Documentation* 73 (6), 2017, pp. 1228-43.

Jenkins, Henry, *Convergence Culture: Where Old and New Media Collide*, New York: New York University Press, 2006.

Jenkins, Henry, *Fans, Bloggers, and Gamers: Exploring Participatory Culture*, New York: New York University Press, 2006.

Knowles, Anne Kelly, ed., *Placing History: How Maps, Spatial Data, and GIS are Changing Historical Scholarship*, Redlands, CA: ESRI Press, 2008.

Mandell, Laura. *Breaking the Book: Print Humanities in the Digital Age*, Malden, MA: Wiley-Blackwell, 2015.

Manovich, Lev,. 'Data science and digital art history', *International Journal for Digital Art History* 1, 2015, pp. 13-35.

Moretti, Franco, 'Conjectures on world literature'. *New Left Review* 1, January-February, 2000, pp. 54-68.

Moretti, Franco, *Graphs, Maps, Trees: Abstract Models for a Literary History*, London: Verso, 2005.

Moretti, Franco, *Distant Reading*, London: Verso, 2013.

Mullen, Lincoln, 'A braided narrative for digital history', *Debates in the*

Digital Humanities 2019, edited by Matthew K. Gold, Minneapolis, MN: University of Minnesota Press, 2019, pp. 382-388.

Nicholson, Bob, 'Counting culture; or, How to read Victorian newspapers from a distance', *Journal of Victorian Studies* 17 (2), 2012, pp. 238-46.

Nivala, Asko; Salmi, Hannu; Sarjala, Jukka, 'History and virtual topology: The nineteenth-century press as material flow'. *Historein* 17 (2), 2018. http://dx.doi.org/10.12681/historein.14612.

Nygren, Thomas; Foka, Anna; Buckland, Philip, *The Status Quo of Digital Humanities in Sweden: Past, Present and Future of Digital History*, 2014. https://www.researchgate.net/publication/267452609_The_Status_Quo_of_Digital_Humanities_in_Sweden_Past Present_and_Future_of_Digital History.

Nyhan, Julianne; Flinn, Andrew eds., *Computation and the Humanities: Towards an Oral History of Digital Humanities*, Cham: Springer, 2016.

Parikka, Jussi, *Digital Contagions: A Media Archaeology of Computer Viruses*, New York: Peter Lang, 2007.

Parikka, Jussi, *What Is Media Archaeology?* Cambridge: Polity, 2012.

Parland-von Essen, Jessica; Nyberg, Kenneth eds., *Historia i en digital värld*, Version 1.0.1, May, 2014. https:// digihist.files.wordpress.com/2014/05/hdv_v1_0_1.pdf.

Prescott, Andrew, 'Searching for Dr Johnson: The digitisation of the Burney newspaper collection', *Travelling Chronicles: News and Newspapers from the Early Modern Period to the Eighteenth Century*, edited by Siv Gøril Brandtzæg, Paul Goring and Christine Watson, Leiden: Brill, 2018, pp. 49-71.

The Programming Historian. https://programminghistorian.org.

Rabinovitz, Lauren; Geil, Abraham eds., *Memory Bytes: History, Technology, and Digital Culture*, Durham, NC: Duke University Press, 2004.

Rendgen, Sandra, *The Minard System: The Complete Statistical Graphics of Charles-Joseph Minard from the Collection of the École nationale des ponts et chaussées*, New York: Princeton Architectural Press, 2018.

Rikowski, Ruth, ed., *Digitisation Perspectives*. Rotterdam: Sense Publishers, 2011.

Robertson, Stephen, 'The differences between digital humanities and digital history', *Debates in the Digital Humanities 2016*, edited by Lauren F. Klein and Matthew K. Gold. Minneapolis, MN: University of Minnesota

Press, 2016.

Rosenzweig, Roy, *Clio Wired: The Future of the Past in the Digital Age*, New York: Columbia University Press, 2011.

Rushkoff, Douglas, *Media Virus! Hidden Agendas in Popular Culture*, New York: Ballantine Books, 1994.

Sampson, Tony D., *Virality: Contagion Theory in the Age of Networks*, Cambridge: Polity, 2012.

Schmale, Wolfgang, *Digitale Geschichtswissenschaft*, Vienna: Böhlau Verlag, 2010.

Seefeldt, Douglas; Thomas, William G., 'What is digital history?', *Perspectives on History: The newsmag- azine of the American Historical Association*, 1 May 2009. https://www.historians.org/publications-and-directories/ perspectives-on-history/may-2009/what-is-digital-history.

Smith, David A.; Cordell, Ryan; Dillon, Elizabeth Maddock, 'Infectious texts: Modeling text reuse Proceedings of in nineteenth-century newspapers', *Proceedings of the IEEE International Conference on Big Data*, 6-9 October 2013, Santa Clara, CA, pp. 86-94. DOI 10.1109/ BigData.2013.6691675.

Smith, David A.; Cordell, Ryan; Mullen, Abby, 'Computational methods for uncovering reprinted texts in antebellum newspapers', *American Literary History* 27 (3), 2015, pp. E1-15.

Svensson, Patrik, *Big Digital Humanities: Imagining a Meeting Place for the Humanities and the Digital*, Ann Arbor, MI: University of Michigan Press, 2016.

Tamm, Marek; Burke, Peter eds., *Debating New Approaches to History*, New York: Bloomsbury Academic, 2018.

Thompson Klein, Julie, *Interdisciplining Digital Humanities: Boundary Work in an Emerging Field*, Ann Arbor, MI: University of Michigan Press, 2015.

Weingart, Scott, 'The moral role of DH in a data-driven world', 14 September 2014. http://www.scottbot.net/HIAL/ index.html@p=40944.html.

Weller, Toni, ed., *History in the Digital Age*. London: Routledge, 2013.

Wevers, Melvin; Smits, Thomas, 'The visual digital turn: Using neural networks to study historical images', *Digital Scholarship in the Humanities* 35 (1), 2020, pp. 194-207.

Zaagsma, Geerben, 'On digital history', *BMGN–Low Countries Historical*

Review 128 (4), 2013, pp. 3-29.

Zielinski, Siegfried, *Audiovisions: Cinema and Television as Entr'actes in History*, Amsterdam: Amsterdam University Press, 1999.

디지털 역사란 무엇인가?

2024년 3월 30일 초판 1쇄 발행

지은이 | 한누 살미
옮긴이 | 최용찬
펴낸이 | 노경인 · 김주영

펴낸곳 | 도서출판 앨피
출판등록 | 2004년 11월 23일 제2011-000087호
전화 | 02-336-2776   팩스 | 0505-115-0525
블로그 | bolg.naver.com/lpbook12
전자우편 | lpbook12@naver.com

ISBN 979-11-92647-32-6   93900